JN265410

まゆみ先生の
吹奏楽
お悩み相談室

緒形まゆみ 著
Mayumi OGATA

音楽之友社

もくじ

まえがき

第1章 部の運営／保護者との関係

- 吹奏楽部をゼロから作る ………………………………………………… 8
  - コラム 「心」を育てる部活動 …………………………………… 13
  - コラム これが「入部の手引き」だ！ ……………………………… 18
- 異動についての悩み …………………………………………………… 23
- 年間計画を立てる ……………………………………………………… 30
- 部員勧誘 ………………………………………………………………… 35
- パートの決め方 ………………………………………………………… 38
- 保護者会を作る ………………………………………………………… 41
- OB会を作る …………………………………………………………… 50
- OB／保護者との関係作り ……………………………………………… 54
- 部費 ……………………………………………………………………… 59
  - コラム 「こんなこともありました……」① ……………………… 62

第2章 日々の指導と練習

- 新1年生への指導 ……………………………………………………… 66
- 吹奏楽指導のスキルアップ ……………………………………………… 71
- 指揮法の上達／指揮の表現について …………………………………… 76
  - コラム リハーサル・テクニックのチェックポイント …………… 81
- 講習会の受講 …………………………………………………………… 82
- 外部指導者への依頼 …………………………………………………… 87
  - コラム 小編成バンドのチーム作り ……………………………… 92
- 生徒同士の人間関係をスムーズにする ………………………………… 94
- 「オフシーズン」の過ごし方 …………………………………………… 99
  - コラム パートリーダーのチェックポイント …………………… 104
- アンサンブルの練習法 ………………………………………………… 105
- 吹奏楽における身体表現 ……………………………………………… 109
  - コラム 「こんなこともありました……」② …………………… 113

第3章 コンクール

- 初めてコンクールに出る ……………………………………………… 116
  - コラム　コンクールで心を育てる …………………………… 120
  - コラム　コンクールの「舞台裏」 …………………………… 121
  - コラム　審査員の仕事 ………………………………………… 123
- 全員参加か、メンバーを絞るか ……………………………………… 125
- コンクールの選曲 ……………………………………………………… 128
- コンクール直前にやること1 ………………………………………… 131
  - コラム　「目標達成シート」の使い方 ……………………… 136
- コンクール直前にやること2 ………………………………………… 138
  - コラム　「上部大会」へ向けて ……………………………… 142
- 効果的なホール練習の方法 …………………………………………… 144
  - コラム　サウンドがブレンドするセッティング例 ………… 148
- 終わり方／終わらせ方 ………………………………………………… 150
  - コラム　「こんなこともありました……」③ ……………… 153

第4章 コンサート

- コンサートを開くまで ………………………………………………… 160
  - コラム　選曲、プログラミングのコツ 〜聴いて「美味しい」演奏会 ………… 166
  - コラム　「新人演奏会」を開こう！ ………………………… 167
- 集客の方法 ……………………………………………………………… 169
- 学校行事での演奏 ……………………………………………………… 174
- 秋に行ないたい、地域での演奏活動 ………………………………… 179
  - コラム　「訪問ボランティア演奏／老人ホーム編」の実際例 ………… 184
- チャリティーコンサートを開く ……………………………………… 187
  - コラム　「こんなこともありました……」④ ……………… 191
- 最後に …………………………………………………………………… 195

あとがき

まえがき

　2008年、私はまだ定年ではありませんでしたが、教職を退きました。東京の公立中学を5校、他県の私学に1校、計27年間、音楽科の教師として教壇に立たせていただきました。
　この間、未熟ながらも、仕事に対して終始一貫、自分なりに全力を尽くしてこられたことに、とても感謝しています。しかし私ひとりでは何もできませんでした。部活でも、教科でも、学級でも、生活指導でも、校務でも、いつも誰かが助けてくださり、いつも誰かが見ていて支えてくださいました。数え切れない「おかげさま」に助けていただいたのです。私は今、あらためて考えています。私がお世話になった数え切れない方々に直接恩返しをすることは叶いません。それであるならば、自分にできる形で、お返しをしてゆこうと……。この本は、そんな「ご恩返し」の1冊のつもりで書かせていただきました。
　この本には、日々の部活動指導のお悩みに寄り添うことで、先生方に「元気を取り戻してほしい」との願いが込められています。また「部活動とは何か」「何のために我々は部活動に関わるのか」を、もう一度、問い直してみたい、との願いも込められています。
　私は今、バンドを運営、指導してゆく中で、教師のモチベーション、子どもたちの人間関係、生活指導、保護者・同僚との相互理解といった「心の問題」が、先生方の仕事やバンド指導を、より厳しいものにしていると感じています。教育を取り巻く環境は、ここ十数年の間に激変しました。その中で、私たち教師の環境も変化し、部活動についても、それを維持し高めることが、だんだんと困難になってきているとも感じています。
　いくつかの要因を考察したいと思います。

- **保護者の価値観、意識の変化と多様化による子どもの変化**……ひと昔前ならば「話せば分かる」ことも、「話しても分からない」状況になることが増えました。クレイマー、無関心、権利意識、家庭・家族の崩壊、貧困やDV（暴力）、精神的に追い詰められた保護者など、

社会の閉塞感と格差社会の中で、様々な価値観や環境を持つ保護者が増えています。子どもたちの健全な心身の発達にも、虐待、いじめ、自傷、学習障害などをキーワードにして、その影響が出ていることは否定できません。また、リアリティーのある「遊び」から、ゲームやネットなど仮想現実に身を置くことで、他者との関係を保つ子どもたちが増えました。その結果、ありのままの自分を出せずに「周囲からどのように見られているか」を気にする子ども。失敗を恐れ、初めからうまくゆく方法を求める子どもが増えています。

・**現場に求められる「目に見える結果」**……以前なら、何かトラブルがあったら、担任か校長に直接、声は届きました。しかし今は、教育委員会も飛ばして、いきなり弁護士が学校に乗り込むような時代です。訴訟を抱えていない自治体を探す方が難しくなっています。そのような環境では、だんだんと「新しいことはなるべくしない、させない」「現状を維持して、問題を起こさない」という流れになってきます。評価の基準や学力など、あらゆることの可視化も進んでいます。「自己責任」という言葉は、教育の世界にも入ってきました。それは、「結果至上主義」へと必然的に移行します。10年先、20年先を見据えて今、なにをするべきかを考えるのが本来の教育であるはずなのに、「今、結果を」「数値化して目に見える形にして」出さなくてはならなくなったのです。その結果、現場は、山のような報告書や、評価表の提出と会議、初任・10年・免許状更新などに代表される多数の研修に忙殺されるようになりました。子どもたちと直接「向き合う」時間は減る一方になったのです。

・**教育予算の削減と、少子化による、教師の減少、職場環境の変化**……毎年の予算削減により、教材教具も思うように揃えられなくなりました。少子化と人件費削減により、長い間、全国的に新規採用者を控えたために、今の職場は30代の働き盛りがどこも不在です。その結果、教師の年齢間ギャップが問題になっています。20代の若い先生が

ひとりで悩みを抱え込み、辛い思いもしています。教師ひとりあたりの仕事量が増え、ベテランでも、自分のことで精一杯です。その結果、先輩から後輩への「意識とスキルの伝承」も、なかなか難しくなりました。今、教師のかかる病気の第1位は「うつ病」です。昔なら、若い先生の悩みを先輩が聞き、励まし、助言しました。ベテラン教師も互いに相談し、支え合う環境がありました。孤独な環境で悩みを深刻化させている先生方は確実に増えています。部活動も、学校という環境の中でのことですから、その影響を受けないわけにはゆかないのが現実です。

　これらきわめて厳しく困難な状況の中で、多くの善良な先生方は日々努力し、何とかしようと模索していらっしゃいます。それはとても尊いことだと頭が下がるのです。

　東日本大震災以降、「絆」という言葉が、さかんに言われるようになりました。この不幸な出来事から私たちは確かに、「支え合うこと」「共に生きること」の大切さを学んでいます。人間はお互い様です。支え合ってこそ前に進めるのです。

　この本を読んでくださった先生方が、少しでも安心したり、勇気が持てたり、元気になったり、共感したりしていただけたら……。明日の朝、自然に呼吸が深くなり、笑顔で学活や授業や、部活に行けたら……子どもたちはそんな先生を待っています。

　いつも「主役は子どもたち」です。子どもたちのために、ご一緒に考えてまいりましょう。

※本書は音楽之友社刊の月刊誌『バンドジャーナル』2009年6月号～2011年8月号に連載された記事「まゆみ先生のバンドの悩み相談室 ～指導者が元気になる処方箋！」を1冊にまとめ、加筆修正をおこなったものです。

第1章
部の運営／保護者との関係

吹奏楽部をゼロから作る

相談ファイル

約10年間でふたつの学校を経験し、吹奏楽部の顧問を務めましたが、この春に異動になりました。その異動先には吹奏楽部がありません。合唱部はすでにあり、別の顧問が指導しています。私は今まで吹奏楽部のある学校を引き継いできたので、新しい学校でも吹奏楽部を作り、顧問をやりたいと思っています。しかし、どうしたらよいのかが分かりません。先生はゼロから吹奏楽部を何回も立ち上げていらしたと聞いています。先生の経験から、吹奏楽部の立ち上げ方を教えてください。 　　　　　　（中学校・音楽科・30代・男性）

すばらしいですね、先生。吹奏楽部をゼロから立ち上げようと、考えること自体がすごいことだと思います。先生の夢が実現するように、一緒に考えてまいりましょう。

提案の前に 「吹奏楽部はお金がかかる?」

バンドを作ろうと考えたとき、まず頭をよぎるのが、この言葉です。30〜40人編成のバンドを普通に立ち上げようと思ったら、初期費用が軽く500万円くらいかかります。ひゃ〜、無理無理、むりっ‼ ……いいえ、大丈夫ですっ！ お金をかけずに作ってみましょう。

提案その❶ まずは、「実行」あるのみ
〜お金はあとから「ついてくる」〜

まずは低い初期費用で、関係者に満足と結果を残し、管理職と周囲の「信頼」を勝ち取ることが大切です。「話」はそこからです。どんな形であっても、部としての「実体」を作ってしまうことが大切です。「ちゃんとしたものを作ってから」なんて思っていたら、実現は難しいと思います。ここでいう「満足と結果」とは、次のようなことです。決して「コンクールで金賞をとる」＝「結果を出した」ということではありません。

子どもたちに対しては、音楽をする「喜び」。努力・協力することによって得られる「仲間意識」。音楽で人様の役に立つ「達成感」＝心の成長。

第1章　部の運営／保護者との関係

　保護者に対しては「うちの子が主役」になれる「喜び」。家でもできない「しつけ」をしてくれる「ありがたい場所」。
　学校に対しては、校内で役に立つ「貴重な存在」。
　経験上、3年間……といいたいところですが、おまけして、2年間は、辛抱して踏ん張りましょう。1年目からでも小さな本番を1本でも2本でも行ない、年度末に心のこもった手作り「発表会」ができれば、もう100点満点です。2～3年をかけて「部」としての信頼を勝ち取れれば、お金はだんだん……あとからついてくるものです。

提案その❷　具体的な「手順」

①管理職へ働きかける　～頭は下げても、減らない～

　最初に「企画書」を作り、持参して説得します。企画書といっても簡単な仕様でかまいません。とりあえず「お金はなるべくかけません」という内容を伝えます。管理職が一番気にすることは費用です。新年度の予算はすでに組み上がっていますし、そこに新しい部活動の予算など当然存在しません。それを承知で、「作りたい」という意思を表します。「すでに、何人もの生徒から作ってほしいと申し出があった」と、ハッタリをかますこともポイントです。次に、「バンドを作ると、どんな良いことがあるのか」（目的）を書きましょう。ここでは「教育的な効果」を挙げてください。あとは先生のこれまでのご経験から、おおざっぱな「年間計画」を添えます。ただし、初年度から大きな目標を掲げず、あくまでも小さな目標、大きな達成感をねらいましょう。「いや～、私も以前から吹奏楽部は欲しかったんだよ」と反応していただければラッキーです。
　しかしいろいろな不安点や、疑問点が出されるかもしれません。理解のない管理職の場合、非常に後ろ向きで、不愉快なことを言われるかもしれません。そんなときは……我慢です……がまん。「頭は下げても減りません」。子どもたちのために踏ん張りましょう。

②部員を集める　～あらゆるチャンスをものにする～

　「まあ予算はないけれど作ってみれば？」と許可をいただけたら、いよいよ部員集めです。ここは「羞恥心」を捨てて頑張ってください。募集対象は、3年生は実質部活動にならないので、1・2年生に限ってもよいと思います。
- 職員室内で先生方に「やりたい生徒がいたら"ひと声"お願いします」と頼んでおく。
- 募集チラシを自分で作って、学級のポストに入れる（全校生徒分になります）。
- ポスターを自分で作って、決められたルールに従って校内に貼る。
- 新入生の身体計測日に身長や体重の分担にならせてもらい、「君、しっかりした身体しているねぇ～、吹奏楽部へ来ない？」と片っ端から声をかける。
- 自分のクラスや自分の授業で、「わざわざ」話を持ってゆき誘う。それとなく、以前の学校の演奏を聴かせてしまう。

●学校または生徒会主催の「部活動説明会」に出席し、自分で説明し勧誘する（与えられた時間内で映像や音を流しながら説明すると効果的です）。
……ここまでやると、5人や10人は集まってきます。それで十分だと思います。集まった生徒たちには、本入部届とともに「入部の手引き」を渡しましょう。先生が考える、理念、目的、練習日、練習場所、時間、長期休業中の練習、パートの決め方、係分担、年間計画、入部の条件などを書いたものです。最初が肝心です。きちんと作りましょう。（19ページ参照）

③楽器、機材を集める　〜リサーチ力が勝負〜

●統廃合になった学校にあるバンドの楽器を借りてくる……両校に吹奏楽部があった場合、1校分余っています。
●楽器の余っている学校や、昔バンドがあったが今はない学校を調べ、廃棄処分にする楽器をもらってくる……私学が少なくても、市町村の体制が吹奏楽をバックアップしているところでは、公立でもこういう学校は見つかります。ただ手続き上、そのまま「もらう」ことはできないので、処分先の楽器店などに相談して適切に「いただける形」にします。
●部員が比較的少ない学校から、余剰楽器を借用する……こういう学校は先の見通しが分からないので、月単位や年単位で借用書を書きます。
●中古楽器を格安で自費購入する……今はネットオークションもあります。しかしこれは、先生の自腹になりますし、品質も分からないのであまりお薦めしません。
　都市部など、学校が密集しているところは見つけやすいのですが、地域によってはなかなか難しい場合もあると思います。そんなときは、近隣の地域だけでなく、楽器店や知り合いに「うわさ」を聞いてまわり、他県を探すと見つかると思います。
できれば、譜面台やチューナー、メトロノームなども同様に借用します。

④部活動を始める　〜楽器がなくても、できることはたくさんある〜

　練習場を確保して練習日と時間を決めたら、楽器がまだなくても活動を始めましょう。
●歌う……「吹奏楽も歌も同じ音楽。上手に歌えるようになると楽器の上達も早い」と言い聞かせ、正しい発声や滑舌、呼吸法も指導します。
●掃除……練習場および周辺を徹底的に清掃します。このとき、先生も一緒に汗を流してください。すべてのスタートはここからだと思います。
●しつけ……部の理念や、人としてのあいさつ、返事、言葉遣い、友達との付き合い方、接し方などをきちんと指導します。
●ソルフェージュ、リトミック、楽典……音符が読めない中学生はたくさんいます。これで音楽の成績アップにも役立つことを説明すると、やる気になります。
●鑑賞会……これまでの学校の演奏や他校やプロの演奏など、ビデオやDVDで鑑賞し「吹奏楽ってどんなもの？」という興味をあおります。楽器別の奏法などの映像

第 1 章　部の運営／保護者との関係

も見せて、「早くやりたい」という気持ちをかき立てます。
●掲示物を作成し練習場に掲示する……先生の考えをもとに、どんな部活動にしたいか、どんな気持ちで頑張りたいかなど、部員たち自身の手作りで掲示物を作ると雰囲気が出てきます。
●宿題、勉強……活動時間内で学習時間を作り、互いに教え合い学び合います。
　これらはほんの一例です。他にも先生が考えつくことをどんどん取り入れてみてください。

⑤楽器練習スタート

　5月中旬くらいまでには、楽器に触らせてあげられるとよいと思います。パートは用意できた楽器にもよりますが、少人数でもバランスを考え、本人の希望も生かした形（相談して）で決められたらベストです。私は、初年度はいつも10人～15人くらいでスタートしていました。あるときは学校にドラムセットひとつしかなかったので、1年間は打楽器ひとりでマーチからポップス、簡単なオリジナルまでドラムセットだけで演奏しました。「何とかなるさ」という、柔軟な気持ちで取り組みましょう。

⑥保護者会を作る

　先生によって、このことについてはいろいろとお考えもあると思います。私は創部したときに保護者会も作り、後々とても助けていただくことが多くありました。3人でも4人でも集まっていただいて、顧問の人柄や方針をきちんと伝え、理解していただくことは決してマイナスにはならないと思います。保護者会を作ったからといって、最初はとくに仕事はありません。部員の保護者と「人間関係を作る」ことに、その目的があります。（41ページ参照）

提案その❸　上達への道

　ここまでやってこられたら、少し上達する方法を具体的に考えましょう。
●前任校の卒業生などに休日練習などへ来てもらい、個人的にコーチをしてもらう。
●地域の講習会などに引率し参加させる。
●その楽器の「ド～ソ」までの音が出たら、その範囲で演奏でき、その部員も知っている旋律を吹けるようにする（それだけで達成感が得られます）。
●根気の必要な基礎練習はあと回しにして、歌謡曲など、みんなが知っている簡単な楽譜で合奏をしてしまう（合わせる楽しさを優先させ、意欲を高めます）。

提案その❹　全体的な注意事項

●怒らない、焦らない……前任校の部活動がイメージにあると、ひとつひとつに苛

立ちを覚えることもあると思います。練習日に全員が来ない。教えたことが定着しない。真剣さが足りない。いろいろと不満はあると思います。しかし、すべては「これから」なのです。焦らず、急がず、根気良く何度でも……子どもたちは「知らない」のです。知らないことに腹を立てても意味がありません。知らないことは、親切に教えてあげましょう。

●何でも一緒に……「やってみて、一緒にやって、やらせてみる」……これは教育の基本です。最初はできるだけ一緒に行動してあげてください。そういう先生の「姿」に子どもたちは信頼を寄せ、大切な人間関係を築いてゆけると思います。

　部活動は、子どもたちのために作るのですが、実は部活動を作ってゆく過程で一番成長できるのは指導者本人です。先生がゆっくりと確実に成長なさり、部活動が動き始められるよう応援しています。

> **顧問の
> ひとりごと**
>
> 新しく部活動を作る……
> 考えていたより、はるかにしんどい。
> 不安、後悔、苛立ち。
> そんなとき、フッと考える。
> これまでの自分が「試されて」いるのだ。
> この「時」には、きっと何か「理由」がある。
> 蒔いた種を実らせることは、自分も育つということ。
> そう思うと……
> ジタバタしている自分が、ちょっぴり好きになる。

第1章 部の運営／保護者との関係

コラム 「心」を育てる部活動

★「心のしおり」誕生の経緯と込めた思い

　中学校に新規採用になり、生まれて初めて吹奏楽部を立ち上げた20代前半の頃です。右も左も分からずに、当時「コンクールに出場しない、日本一の幻のバンド」と呼ばれていた、東京にある女子高校の吹奏楽部に見学に伺わせていただき、そこで長年ご指導に当たられていらっしゃった、当時の顧問である故・井上謹次先生からたくさんの教えをいただきました。そのとき、先生が作られた「心のしおり」を知り、中を読ませていただくと、本当に人として大切な事柄がたくさん書かれていて、「自分の指導の軸はここだ」と確信を得たのです。早速、それをいただいて帰り、自分のバンドの子どもたちに「どんな人になってほしいのか」を考え、次のページから掲載する「心のしおり」を作りました。そして「部則」とも「心得」とも違う、何かとても大切で温かい響きのある、「心のしおり」という名前を、そのままいただきました。

★使用法

　ひとりの生徒につき、2部を配ります。1部は保護者用。1部は本人用です。本人用は常に携帯してもらいます。毎年、年度初めには、新入部員とともに、全員で「読み合わせ」をします。そして、ひとつひとつの項目についての解説を「自分の言葉」で伝えます。3年生にとっては3回目の読み合わせですが、それぞれの成長発達により、理解が深まると思うからです。部内では、一年間を通じていろいろな問題が起きます。特に人間関係の問題は、複雑で根が深いものが多く出ます。問題が起きるたびに、「心のしおり」を持ってこさせて指導をします。例えばそれが、人のうわさや悪口に原因があったら、そこにあてはまる項目を読み上げ、その問題と照らし合わせて丁寧に話してゆきます。ほとんどの問題は、この「しおり」の中で触れていることと関連していますから、日々の生活態度向上の指針であると同時に、こうした問題解決のヒントとして使っています。

心のしおり

緒形まゆみ

はじめに

○○○中学校、高校吹奏楽部は、今年、新たな一歩を踏み出しました。
今年入部したみなさんはその第一期生であり、2,3年生のみなさんは自分への挑戦のはじまりとなります。
この○○○中学、高校吹奏楽部がこの先、長く良い伝統を築き、すばらしい音楽と美しい心を持つチームに成長するために、努力してほしいことがあります。
この先、コンクールや、たくさんの様々な演奏会の舞台に立つみなさんに、この〔心のしおり〕にあることが「あたりまえに」できる人になってほしいのです。
なぜならば〔音は心〕だからです。
この「心のしおり」は、そんな願いを込めて作りました。

静かに落ち着いて、現在の自分を見つめながら、これから先の文章を読んでください。
この一冊のしおりは、いつでもみなさんのそばから離さずに置いて、絶えず読み返し、本校の吹奏楽部の活動の指針としてください。

○○○○年○月

緒形　まゆみ

1、みなさんは演奏家ではありません

　立派な演奏ができる前に、何よりもまず「しっかりとした○○中・高生」であって下さい。
　この部は、ただ趣味の合った人たちの集まりでもなければ、専門家になるための養成所でもありません。〔建学の精神〕にある「人類社会の福祉に貢献出来る人格をつくる」という目的を達成するための一手段としての合奏団体です。
　クラスにいる時も、登下校時も「○○中・高校の生徒であり、吹奏楽部の一員である」という自覚と誇りを持って行動して下さい。

2、礼儀と温かさを

　第一に言葉遣いです。乱暴な言葉を使ったり、敬語の使えない人がいてはいけません。個人練習の時でも、先生やお客様、卒業生が見えたら、軽く「会釈」をするか、「こんにちは！」と明るくあいさつしましょう。また、音楽室にいらしたお客様には温かく元気にお迎えできるよう、気配りをしましょう。だらしのない乱れた空気や、ひんやりとした冷たい空気ではなく、礼儀正しい温かい空気をみんなの力で築いていって下さい。明るい返事とあいさつは、心を込めなければできないものです。

3、勉強を忘れず両立させる努力を

　練習のために勉強ができない、宿題が間に合わない、成績が下がったから塾に行こうという人は、もう一度考え直してみて下さい。どこかで無駄な時間を使っていませんか。夜テレビやゲームにかじりついていませんか。友達と長電話や、ぐちのこぼしあいをしていませんか。友達にメールや手紙ばかり書いていませんか。毎時間の授業で一生懸命に先生の話に集中し、その日のうちに復習する努力をしていますか。塾についても授業を真剣に自分のものにしていれば特に必要とは思いません。学校の勉強の他にまだやる気があって、練習時間の妨げにならないと思っている人は別ですが。とにかくみなさんは他の友人のやっていないことをしているのです。何もしていない人とは事情が違うのです。当然人一倍の努力は必要ですね。一番立派な活動をしようとしているこの部は、他人が考える程暇ではありません。家族に信頼され、応援してもらいたいのなら、また、本当に良い演奏をしたいのなら、真剣に勉強してください。

4、何事にも素直な態度で

　病気の時、悩んでいる時、いくら良い音を出そうとしても出るものではありません。音はその時の健康状態、心理状態をそのまま表現する恐るべき力を持っています。何よりもまず、顧問に素直についてきて下さい。また、卒業生、上級生、同級生から注意されたら、素直に受け入れて下さい。それができる人は演奏の上達も早く、人から信頼され、逆にわがままで人を許すことができない、がまんのできない

人は、合奏にもとけこめず、何かで自分が失敗しても人はそれを許さないでしょう。学校でも家でも素直になれるよう、一人一人が努力して下さい。自分に少しでも悪い点があると気がついたら、すぐにあやまりましょう。その心がけはそのまま演奏に出ます。

5、何事も相手の立場になって

どんな時でも相手の立場や気持ちになって話し合って下さい。怒ることはやさしいけれども、我慢することは本当にむずかしいものです。自分中心のものの考え方しかできない人は中学生高校生とは言えません。また、話し合うときの形も相手に威圧感や不安感を与えるような、一人を複数で囲むようなやり方はよくありません。いつも相手の身になって「もし自分だったら」と考えながら話し合うことが「和」を作る上に大切なことなのです。

6、グループを作らないで

この部は横のつながり（学年別）と、縦のつながり（パート別）とが、しっかりと組み合わされてできています。上級生を中心としたパート毎のチームワークと、学年毎のチームワークが必要となります。チームワークのどこか一つでも乱れると、音色や奏法が不ぞろいになり、何よりも「心をひとつにした」合奏ができなくなります。

小さなグループを作って、別行動をとったり、気の合った人たちだけでグチをこぼしあったり、かげ口を言い合ったり、特定の男子や女子と個人的につきあったりすることは、その大切なチームワークを作る上で非常に妨げとなります。なぜこのようなことが部内であると困るのでしょうか。日差しの後ろの影のように、自分のことしか考えない行動の後ろには必ずその事で苦しむ人やねたむ人や悲しむ人を作ってしまうからなのです。男子女子の区別なく、仲間を公平に見ること、誰とでも話し合えることこそが、よいチームワークの秘訣なのです。チームワークがとれないバンドは一人一人の技術がどんなにあっても、また、それぞれに必死でどれだけ努力しても、決してむくわれることはないという事を忘れないで下さい。

7、正しいコミュニケーションを身につけましょう

現代は、インターネットの時代です。携帯からも、パソコンからも、簡単にメールや、ブログ、ホームページ、プロフ、ミクシィ、フェイスブック、2チャンネルへと、アクセスできます。これらを使って、部活動や仲間を匿名で誹謗、中傷したり、不用意な書き込みで、バンドや個人の名誉を傷つけることは、絶対に許されません。ネット上のマナーを知らないと、思わぬ落とし穴にはまってしまいます。みなさんは、正しいネットの使い方、マナーを身につけなければなりません。時間があれば、携帯からメールばかりしていませんか？友人からすぐに返信が来ないと、腹を立ててはいませんか？・・・最良のコミュニケーションは、「直接対面して、話し合うこと」

です。ここから逃げていては、本当の音楽もできません。自分のことばで語り、直接、相手に伝えられる、正しいコミュニケーションを身につけてください。

8、練習は頭を使って効率的に

　ただ音を出しているだけの練習はかえってマイナスです。毎日の短い練習時間をどのように効率的に使うかによって、その人の進歩の度合いが決定されます。今日はどのようにしようか？何から始め、何分位したら次に何をしようか？練習場へ来る前に考えておくべきです。それはそのまま勉強法にもあてはまります。

9、楽器と楽譜を大切に

　みなさんがもし、ケガをしたら、大騒ぎで手当てをするでしょう。痛い所や具合の悪い所も人に言えるでしょう。しかし、楽器はものが言えません。みなさん一人一人が親身になって手入れすることによって楽器に生命がふきこまれるのです。楽器だけではありません。楽譜もみなさんの身体の一部と考えて大切に、そしてどんどん書き込みして、自分の血や肉にして下さい。楽器や機材を傷めたり、楽譜をなくしたりしたまま平気でいられる人は、人としてもいい加減でずるい人だと思います。

10、身体には充分気をつけて

　どんなに頑張りたくとも、身体が弱かったり、いつもどこかの調子が悪くては頑張れるものではありません。特に中学生、高校生は身体の調子の変わる時期でもあります。少しでも異常があったらすぐに申し出ること。堂々と休んで一日も早く元気になり、また活動を続けて下さい。また、鼻炎や虫歯など長期の治療が必要な人も、頑張ってきちんと治しましょう。無理をして病気を重くしたり、大切な本番を休むことは、部員として最も恥ずかしいことです。

11、初心を忘れずに

　苦しい時、つらいと思う時、悲しくてやめてしまいたいと思う時、思い出して下さい。初めて楽器を手にした時のことを、初めて演奏会で拍手をあびた時のことを、初めて「先輩」と呼ばれた時のことを、すべてを燃焼したコンクールの感動を、定演のあとの喜びを。他人の生活がうらやましいと思った時は、いろいろな場面での自分の気持ちを思い出してみて下さい。きっと成長した自分に気づくはずです。

　大切なことは「あなたは音楽がしたいのか、したくないのか」と自分に問うてみることです。
　余計なことは抜きにして「音楽がしたい。音楽が好き」ならば必ず続けられる道は見つかるはずです。

コラム これが「入部の手引き」だ！

　どこのバンドの先生方も、言葉で、あるいは別々の印刷物では、同じことに触れていらっしゃると思います。私の場合はそれをひとつにまとめて可視化しました。
　ひとつは、自分の運営を整理し、自分が理解するため。ふたつ目は、入部後に、保護者や生徒と「言った」「言わない」などの、誤解のもとを作りたくない。3つ目には、第三者に自分の部活動を説明する場合に、最も適切な方法で示したい、という理由から作りました。

★使用法
　本入部前の「仮入部期間」に、見学に訪れた新入生たちに配布します。そして、本入部届けを出してもらう前に「仮入部保護者会」を開き、「心のしおり」とセットにして配布し、吹奏楽部の説明を行ないます。そして、指導方針や決まり事、システムに納得し、同意してくださった人に本入部をしていただきます。もちろん、この段階で納得を得られなかった場合は、まだ仮入部ですから他の部活動へ移ることが可能です。こうすることで、「こんなはずではなかった」と言って中途退部する部員の数は減りました。
　なお、次ページからの「入部の手引き」は、私が生徒に配布していたものを縮小して掲載したものです。内容の詳細は各学校の実情に合わせて変更するなどして、参考になさって下さい。

入部の手引き

＊本入部の前に必ず、保護者のみなさまもご覧ください。

○○中学校吹奏楽部

はじめに
　中学生になり、部活動については色々と考え、また保護者、兄弟姉妹、先輩に相談する人も多いと思います。そんなあなたが、たとえば「吹奏楽部に入部しよう」と考えたとき参考にしてもらうために、この冊子は作られています。
　部活動は、自分の得意や興味、関心を生かし、技術を身に付けると同時に自分の心を育て、鍛える場であると、吹奏楽部は考えています。ですから、この部に入部しようとするあなたは、好きな音楽を通じて、人として何が大切なのかを３年間の活動の中から学ぶことになります。
　いろいろな気持ちでこの吹奏楽部に関心を持ってくれたあなたに、是非、部の目的を理解し、活動の流れを知り、自分の目で練習を見て、先輩たちとも色々な話をし、家族とも相談して、最終的に本入部を決めてほしいと思っています。

目的
部活動を通し、自らの人間性を高め、心・技・体、調和のとれた自分をつくる。
合奏を通し、協調性を高め、表現力を高め、豊かな心を育てる。
コミュニケーションの力を高め、豊かな人間関係を作る。

顧問
　　　　＊緒形　まゆみ・・・音楽科・今年度着任

活動日・場所
　　＊月曜日から金曜日まで毎日。(・定期試験１週間前は中止)
　　　土・日・祭日も演奏会、練習のある日もあります。
　　＊夏休み、冬休み、春休みについては別途。
　　＊主に、第二音楽室、第二校舎各教室、廊下で練習。

活動時間
　　・朝＝７：３０〜８：１０、・放課後＝一般下校〜(夏)１８：００　(冬)１７：４５

　　・下校が遅くなる場合は、部内電話連絡網で連絡します。
　　・長期休業中は原則９：００から１７：００

練習の流れ
　　＊朝＝登校〜ジョギング〜校内清掃〜基礎練習(週に１回、リトミック)
　　＊放課後＝学活、清掃終了後〜ボイストレーニング(合唱練習)〜基礎練習
　　　　　　〜個人練習(パート練習)　(分奏)〜合奏〜ミーティング〜下校
　　　♪演奏会前は毎日合奏
【練習のパターン】
　　・朝の基礎練習＝教則本を使い、基礎合奏
　　・リトミック＝顧問がピアノを使い、全員でリズム表現
　　・ボイストレーニング＝発声の基礎、ウォームアップ、ソルフェージュ、合唱
　　・午後の基礎練習＝ロングトーン、リップスラー、音階練習など
　　・個人練習＝楽譜の譜読み、技術的な練習
　　・パート練習＝同じ楽器どうしで、基礎練習、楽譜の練習
　　・分奏＝打楽器・金管・木管の３つに別れて、基礎練習、楽譜の合わせ
　　・合奏＝全員で楽譜を合わせる、仕上げる。
　　　♪各練習のメニューはインスペクターが立案し、顧問の了解を得て行う。
　　　♪各パートリーダー、インスペクターの指示により、各練習を行う。
　　　♪顧問、または、インスペクターの指示により、合奏を仕上げていく。

部内の仕事　・役員、係りには全員が何かになり、適材適所で働く。
　　　　　　　・１年生はその年度の１１月から係活動が始まる。
【役員】
　　＊部長＊副部長＊インスペクター＊運搬部長＊清掃部長＊パートリーダー
【係】
　　＊接待＊庶務＊メトロノーム＊譜面台＊差し入れ＊楽譜・機材

第1章　部の運営／保護者との関係

費用
　＊部費・・月１５００円
　＊基礎合奏教則本＝６００円　　＊呼吸練習バッグ＝３６００円
　＊マウスピース＝(パートにより異なります)　５０００～１５０００円
　　打楽器はスティックのみ、１０００～２０００円
　＊その他、パートにより教則本あり
　＊保護者会費＝月５００円

パート分け
　原則として、個人の希望を優先。
　本入部後、希望調査を行い、全体のバランスと希望を考えて、最終的に決定。

楽器について
・学校の備品または、顧問の個人持ち楽器、および他校からの借用楽器を使用。
　(ただし、フルート・クラリネット・トランペット・トロンボーンについては
　　経験を重ねてから、顧問と保護者、本人と相談して、個人持ちが望ましい)

年間の活動の流れ
　昨年実績は別紙のとおり
　今年度は・地域での活動を重視したい。
　３年生については１１月の試験前まで正規の活動、その後希望者は休部、自分の受験が終わったら部活へ戻り、定期演奏会練習に合流し、３月に卒業

保護者会について
　本校では全ての部活動に保護者会がある。
　吹奏楽部にも保護者会があり、全ての部員の保護者の方には会員として、部活動を側面から支え、協力、応援をしていただいている。
　　　　　　　　代表・・・１名　　　副代表・・・２名　　　会計・・・２名
ただし、吹奏楽部のみ、役員交替は毎年１１月に行われ、任期は１年。新入生保護者の方はその年の１１月までは役員にはならない。

保護者会でご協力いただきたいこと
・部費の集金、会計一般
・新人演奏会、クリスマスコンサートの準備、応援
・定期演奏会の予算案立案、積立金集金
・運営資金集め・バザー開催、模擬店出店など
・差し入れ
・顧問がつけないときの自主練習の監督
・訪問演奏などの引率手伝い・移動車両の手続き
・年間３～４回の学校での保護者会(平日の夜か休日の昼間)
・区内講習会、会場校となったときの炊き出し
・地方遠征(大会出場)の引率、手伝い

部則
なし。「心のしおり」(別紙)が全てです。

入部の条件
＊3年間続ける意思があること。
＊塾や習い事のある人は、部活動の妨げにならない時間にするか、工夫して両立させられること。部活動に支障がないこと。・本番1週間前は特に部活優先。
＊毎日練習があり、演奏会活動も多い部活動です。強い意志と健康管理と体力が必要です。
＊保護者の理解と応援がいただけること。(精神的に)

♪楽譜が読めない、楽器を持っていない・・・などは、まったく問題はありません。

おわりに
　毎年、入部者のほとんどは楽譜が読めません。授業の音楽は嫌い、と言う人もいます。
　しかし、やる気を持ち、コツコツと努力すれば、半年もしないうちに、ドイツ語で音名が言えるようにまでなります。楽器の持ち方も分らず、音も出なかった人たちも、数ヶ月すれば何とかそれらしくできるようになっていきます。
1年生から3年生まで、みんなの心を1つに合奏し音楽を作り上げて行く喜びは、ことばでは言い表せない感動となります。そこには、苦しい練習や、たくさんの試練を乗り越えたあとにしか出来ない、「心のハーモニー」があるからです。
ただ単に「楽器が上手になりたい」人は入部の必要はありません。近くの音楽教室に通ってください。
　この部は「音楽を通じて」たくさんの「心」を学ぶ場所だからです。
　人間は可能性の生きものだと思います。「大変なこと」「しんどいこと」から逃げるのは簡単です。しかし、長い人生の中で、1度くらい、とことん自分の可能性を伸ばしてみることも大切なことかもしれません。
・・・いかがですか？
　この「手引き」と「心のしおり」をよく読んで、家族ともしっかりと話し合ってみてください。
　吹奏楽部の上級生たちは、本当にいい人たちばかりです。みんな家族のように、時には一緒に泣き、一緒に笑い、本気でけんかをし、おもいきり失敗し、そして、誰よりもお互いが大切な存在であると、知っている人たちです。
　どうぞ安心して入部してきてください。

　吹奏楽部と吹奏楽部保護者会は、みなさんの入部を心からお待ちしています。

第1章　部の運営／保護者との関係

異動についての悩み

相談ファイル

　この4月に異動になり、慣れ親しんだ中学校の吹奏楽部に別れを告げ、新たな出発をしています。異動先にも吹奏楽部はありましたが、これまでの部活動とはまったく異なり、部員たちはなんだかんだと理由をつけて練習に来なかったり、返事やあいさつなど基本的なしつけもできておらず、同じリードを半年間も使い続けていたり、動きも鈍く、モチベーションも低いようなので、正直、気持ちの部分でまいってしまっています。前任校では、全員が一丸となって熱い活動をし、コンクールでも支部大会常連校だっただけに、どう受け入れていいのか、どうしたらいいのか、まったく分かりません。
　また自分は、音楽ではなく、他教科なので、基礎的な指導に不安もあります。毎日、部活に行くのが憂鬱です。どうしたらよいでしょうか。

（中学校・30代・男性）

相談ファイル

　異動先を聞いてショックでした……。これまで吹奏楽部の顧問はしていましたが、いつも地区予選止まりであった私（専門は声楽）が、吹奏楽の有名校に異動となったのです。部員たちは前任の先生と比較するし、保護者からも何だか懐疑的に見られているような気がします。ただでさえプレッシャーがあるのに、「合唱部の顧問もしてほしい」と言われています。私は結婚しており、夫も教師ですが、子どもはまだ小さく、家事、子育て、公務、部活と、土・日も休めない状況で、気持ちがどんどんふさぎ込んでゆきます。こんな私は教師に不適格な人間なのでしょうか。

（中学校・30代・女性）

　現在の学校現場では、全国どこでも等しく、昔のように教師の希望で赴任校が決められるケースはほとんどなくなりました。従って、同等レベル同士のバンド間での顧問教師の異動は、いくつかの例外を除いてはなくなりました。つまりふたつのお悩みは、特別なことではないということです。
　しかし、現実には……へこみますよね……「どうして自分なんだぁ！」と叫びたい。

提案その❶ まずは自分の方針を「文書」で表明する

　まず確認しなければならないことは、「顧問がいてこそ、部活動はできる」、「顧問になるのは当たり前のことではない」という点を私たち自身が認識することです。

　だいたい3月中に、異動先に引き継ぎに行くと、校長から「先生には〇〇部をお願いします」と言われます。まるで当たり前のように……。でも、ちょっと待ってください。お金のことは言いたくないものですが、私たちの給料は部活指導を含んだ仕事ではなく、勤務時間内の校務でいただいているのです。生徒にとって部活が任意のものであるのと同様に、本来、教師にとっても、どの部活の顧問になるかどうかは任意のものであるはずだし、顧問を断る拒否権もあるはずです。

　それを承知の上で吹奏楽部を引き受けると決めたら、「自分の部活動に対する考え方、方針を明らかにする」ことを最初に行ないましょう。そして、それを文書に残して、次のように活用します。

● 校長に「お引き受けしてもよいですが、私の方針を理解していただくことをお願いします」と言って、それを提出する。
● 部員を集め、「顧問を引き受けることは当たり前ではない」「顧問がいてこそ、あなた方は活動ができる」ことを話し、それを配り、読み合わせをする。「この考え方でよければ、顧問になってもよい」と宣言する（部員には、考え、話し合う時間をあげましょう）。
● 部の保護者会がすでにあればすぐに開き、まだなければ臨時でも召集し、その場でそれを配り、「この方針でお子さんたちは納得し、私が顧問になることを望んでいます。みなさんも理解してご協力ください」と告げる（オドオドしてはいけません。しかし、高圧的な「上から目線」もいけません。誠実に、熱心に、先生ご自身の言葉で語ってください。できれば校長先生にも同席していただきましょう）。

　なぜ文書かというと、言葉は消えてしまうからです。さらに、誤解のもとになるからです。正しく、しかし、思いやりと誠実さをもって文書に残すことで、自分の人柄や、価値観、運営やコンクール、子どもを教育的見地からどう育てたいかなどの情報を、正確に証拠として残すことができ、あとからもめごとが起きたときに、「あのとき配った文書をもう一度見てください」と言えるからです。

★文書に残すポイント
①自己紹介と自身のキャリア（異動校や経験年数、初任の場合は学生時代の経験や専攻）、コンクールでの結果（なければ最初から書かない）。
②部活動を通じて、どんな生徒を育てたいと思っているのか（どんな人間になってほしいと思っているのか）。
③コンクール、コンテストに対する考え方（金賞獲得を目指すのか、コンクールを活用して人間教育をしたいのか）。

④活動の実際（活動日・場所・時間、長期休業中の活動時間、年間演奏活動予定など）。
⑤運営の実際（パートの決め方、個人持ち楽器と部所有の楽器の扱い、修理費用の負担、部員の係活動・保護者会のあり方と役割、協力してほしいこと、会計担当を誰にする、部費とその集金方法、塾や通院に対する考え方やルール、遅刻・欠席の届け方、連絡網の使い方についてなど）。
⑥練習の実際（朝練を実施する場合のプログラム、放課後練習のプログラム、休日練習のプログラム、コンクールをする場合の特別練習など）。
⑦外部コーチ、指導者についての考え方（積極的に入れるのか、補助的に入れるのかなど）。
⑧自分がこれだけは言っておきたいこと。

提案その❷ 「以前はああだった、こうだった」と絶対に言わせない決意

　先生が、文書で意志表明をして顧問を引き受けても、必ず出てくるのは、この言葉です。生徒から、保護者から、地域から、ひどい場合は同僚や管理職から……。良い意味でなら大歓迎ですが、先生ご自身のやる気をへこませるような比較は避けたいものです。そのためには、顧問を引き受けるときに、このことを、自分にも周囲にも宣言しましょう。

提案その❸ 「変なプライド」は捨てる

　本当のプライドとは何でしょうか。真の人格者は非常に謙虚で、しかも軸がぶれることはないので、他人から比較されることなどは気にしません。自分の信念を貫くためならば、何度でも誰にでも頭を下げることができるものです。また自分に対しての前向きな苦言は、ありがたく素直に受け入れ、学べるものです。先生の目の前の人たちは、先生ご自身が過去にどんな偉業を成していたとしても、誰もそれを知りません。評価されるべきは、「過去の自分」ではなく、「今、そしてこれからの私」なのです。「提案その2」を周囲に求めるならば、先生ご自身も、「自分はあんなこともした。こんな成績も残してきた」と「過去」を口にしないことが大切だと思います。まちがったプライドを捨てることで、現実がきちんと見えるようになり、周囲との信頼関係も作ることができると思います。
　逆に、必要以上に自分を卑下することもやめましょう。教科が音楽であろうと他教科であろうと、吹奏楽指導のプロは現場にはいません。先生は、採用試験に合格し、教師になりました。これはすごいことです。そして、なった以上は教職のプロなのです。教師としての成長と、自身の生きざまを磨く努力をすれば、プライドは少しずつ、確実に磨かれるはずです。

提案その❹　3年後を見据えてコツコツと（焦らない、焦らない……）

　今春入学してきた新1年生たち……その子たちが3年生になったとき、そのときが初めてチームが「○○先生色」に染まるときです。音楽も、しつけも、チームの空気も、変わっているはずです。良く変わるか、悪く変わるかは、指導者次第ということになります。

★目の前の2・3年生を大切に

　以前の先生に習ってきた子どもたちの「心」や「プライド」を尊重してあげましょう。たとえ自分が急激な変化を望むにしても、そこには十分な話し合いがあり、彼らが理解し、納得する必要があります。初めの頃は練習よりミーティングが大切です。
　「オレのやり方が気に入らない奴らはいらない。辞めて結構！」などと、たんかをきり、一度解散のような形にして、ついてくる部員たちと再出発した場合、短期ではうまくゆくかもしれませんが、長期的にはしこりが残り、何よりも事態を理解できないまま退部した子どもたちの心に傷を残します。それが巡り巡って、チームの評判に関わってしまいます。
　まずは1年、続いたら2年……、辛抱するところは辛抱しつつ、かといって以前の指導者に振りまわされることなく、"じわっ"とこちらのやり方を浸透させられたらベストです。

★セクトを作らせない努力を

　3年後を気にするあまり、新入生ばかりをかわいがり、2・3年生にはあきらめの態度を示すことは禁物です。学年間の亀裂はそのまま「伝統」として、チームに残ってしまいます。

提案その❺　味方を作る

★予算やお金の流れを理解し、事務室と仲良くなる

　分からないことは何でも聞きましょう。予算の組み方、修理費や運搬費、外部指導者費、遠征費があるのかどうか、まずはきちんと理解して、思いこみで行動しないように注意します。何度も事務室に通ううちに、他の話もできるようになったら、これで自分の味方がひとり増えました！　すごいっ。

★地域の楽器店との付き合い方を理解し、楽器店と仲良くなる

　上から目線で業者と接することは慎みましょう。地域の楽器店は、予算のない事情を分かった上で、運搬、修理など、地域にとって無償の貢献をしてくださってい

第1章　部の運営／保護者との関係

る場合が多くあります。楽器屋さんとも良い関係を築きましょう。

　逆に、よく事情も知らないのに、以前から付き合いのある業者をそのまま、その地域に強引に入れることも慎みたいものです。地域の業者さんだけでなく、周囲の学校とも関係がギスギスしてしまいます。どうしてもそうしたい場合は、よほど慎重に行ないましょう。

　また選曲や、楽器編成、購入、選定について、「アドバイス」と称して、必要以上に干渉してくる業者には注意が必要です。言いなりになる必要はないからです。

★職場に愚痴の言える仲間を作る

　部活動の種類は違っても、どの職場にも頑張っている顧問はいるものです。言い換えれば「同じ匂いのする人」とでも言いましょうか……。「部活動の方針」や「クラブ便り」などをさりげなくそういう人の机上に置いておきましょう。そして先生ご自身が誠実で、熱心なことを、また悩んでいることを、飲み会などで語りましょう。いつの間にか、先生の味方はできているはずです。

　逆に足を引っ張る奴もいますが……そういうのは無視です、むしっ！

★地区の顧問会と仲良くなる

　初めての職場、環境、部活……様々なことに忙殺されて、地区の集まりにはなかなか出て行く気分になれません。しかし、そういうときだからこそでかけて行って、他校の顧問と接しましょう。先生の学校の部活の過去を教えてくれる人もいるでしょうし、共感し、励ましてくれる人もいるはずです。

提案その❻　「知らないことを知る作業」から始める

　部員が知らないことを「怒って」も、それはまったく意味のないことです。たとえ同じリードを半年使っていようが、リガチャーを逆さにつけていようが、ロングトーンやリップスラーができなくとも、知らないことは教えなくてはなりません。

　そのためには、彼らが「何を知っていて、何を知らないのか」を、指導者自身が「知る」作業から始めましょう。その上で、ひとつひとつ親切に教えてあげてください。「しつけ」についても同じです。返事やあいさつ、清掃も、彼らは「知らない」のです。私はこれを「未知との遭遇」と呼んでいます。焦らず、怒らず、仏様になったような気持ちで（じょーだんぢゃない！　って……まぁまぁ……）前任校での自分と決別し、自分が向上するためのひとつの「修行だ」と思って、ここは頑張ってみましょう。

提案その❼　彼らの目線まで降りる「勇気」を持つ

　こんなことも知らない、あんなことも教えなくてはならない、えぇーい、めんど

くさいっ!! と、ついイライラするお気持ちは分かります。しかし、ここは少し我慢して、彼らの目線まで降りてゆき、小さなことにも達成感を味わわせてあげてみてください。彼らが顧問を信頼するようになる近道は、そういう地道な積み上げなのです。ここでの経験は必ず、先生ご自身のキャリアとスキルを向上させるでしょう。

提案その❽ できないことは「できません」と宣言していい

顧問が女性の場合、お子さんがまだ小さく、家事に育児、そして校務はどれほど大変なことでしょう。さらに、例えばご主人のご家族と同居や、介護しなければならない方との同居など、いろいろな状況がありえます。この職業は男女平等と言いますが、同業者同士の夫婦でさえ、どうしても女性に負担が重くなることは事実としてあります。

私は16年前に急病で夫をある日突然亡くしました。以来、ひとりで4年間、ガンの告知を受けていた育ての両親を介護しながら仕事をしたことがあります。介護休暇もとることができず、今考えても空前絶後の日々でした。その間に異動を経験しましたが、異動先では4年間コンクールに出場しませんでした。私の考え方や指導について、保護者の方々、子どもたちは十分に理解してくれました。しかし、そのバンドは大昔に全国大会に出場した経験を持つチームだったため、教育委員会からは「なぜコンクールに出ないのか？」と、毎年プレッシャーをかけられました。私は「コンクールより大切なものを子どもに身につけさせています。私には出る気はありません」と宣言し続けました。

それぞれの先生の状況は、ご自身にしか分からないと思います。「できること」「できないこと」をはっきりとさせて、勇気を持って行動してください（それが口に出して言えれば苦労はない、って……そうですよね。確かに……。「宣言」と言うとちょっとこわくても、「妥協案」とか「お願い」に置き換えると少し勇気が出ませんか？ 特に「提案その1」の文書ができ上がると、自分自身が見えてきて、「えいっ！」と勇気が出ると思うのです）。まずは、「提案1〜5」を参考にしていただけると幸いです。

人間には「与えられたとき」があると思います。その「とき」を悩み、苦しみながらも真剣に生きる。試練から逃げずに頑張る先生の姿を生徒は絶対に見逃しません。その積み重ねで、先生ご自身の教師としての仕事もまた磨かれてゆくと思います。大丈夫!! 元気を出して、一歩踏み出してみてください。

提案その❾ 「歌って演奏できる」チームを目指すこともできます

私の持論は「歌えなければ演奏できない」というものです。吹奏楽部では毎日の練習に必ず、合唱部と同じボイストレーニングと合唱を取り入れていました。吹奏

楽部でNHKコンクールに出場した経験もあります。もしも合唱部も担当しなければならないのだったら、吹奏楽部と合体させ、合唱部の練習に吹奏楽部も一緒に参加させて、それが終わったら合唱部は下校、吹奏楽部は続いて練習……という方法もあります（そんなにうまくゆくのかって？ ……やってみなけりゃ分かりません）。

提案その⑩ 複数顧問制をお願いしてみる

いずれの場合も、顧問ひとりでは厳しいように思います。小さなお子さんはよく病気をしますし、土・日は家族との時間も必要です。若くて元気な独身の先生がいればベストですが、子育ての終わった熟年の副顧問もまた、何かと頼りになります。顧問を引き受ける条件として校長先生に頼んでみる方法もあります。

> **顧問のひとりごと**
>
> 異動するたびに、私には考えることがある。
> 今、目の前にいる生徒たちに心を尽くそう。
> 誠実に心を尽くして頑張ろう。
> そうすれば、残してきた前任校の子どもたちもまた、新しい先生に愛され、大切にされるにちがいない。
> そう信じなければ、断ち切りがたい未練があった……
> しかし、異動は宿命である。
> だからこそ「今」この「とき」を全力で生きる、生徒とともに。
> 子どもはどこの子もみな、可能性は同じ。
> 目の前の子どもたちを大切にしたい。

年間計画を立てる

相談ファイル

現任校に着任して1年が過ぎようとしています。前顧問からの引き継ぎをし、子どもたちが混乱しないようにと、今年度はほとんどすべて今までと同じやり方を踏襲してきました。1年間実際にやってみると、複数のコンクール、アンサンブルにソロコンテスト、マーチングもしているので、マーチングコンテスト、フェスティバルの出場と、一年中何かに追われているようで、正直、疲れました。新入生をゆっくりと育てる時間もなく、休日もなく、自分自身が活動をじっくりと考える余裕もありませんでした。来年度はどうしたらよいものか、悩んでいます。

（中学校・音楽科・30代・女性）

　う〜ん、ありますよね、こういうことって。気持ちがやさしくて生徒思いの先生ほど、こういうことになると思います。それにしても、前年度（前任者）の活動をそのまま踏襲なさるなんて、誰にでもできることではありません。子どもたちや周囲との人間関係も最初から作らなければならない状況のなか、本当に大変なことだったと思います。先生、頑張られましたね。すばらしいことです。

　先生が感じていらっしゃる「疲労感」には、ふたつの側面があると思います。ひとつは、「目標があいまいで、ただやっている」という内的要因。もうひとつは「自分の生活のサイクルや部活動のサイクルがそれによって狂い、精神的に追い詰められている」という外的要因。その両面から考えてみたいと思います。

提案その① 本当にそれ全部、必要ですか？

　ご相談では、先生のチームは年間いろいろな種類のコンクールやコンテストに出場なさっているご様子です。今は本当にいろいろなところが主催して、吹奏楽にもたくさんの競技会があります。私は東京におりますが、東京にはなくて他県にはある競技会もいろいろとあります。何か始めたら、力を試してみたいという気持ちもあります。また、吹奏楽とマーチングという別な土俵で競技したいと思う気持ちもあります。チームで試したら次はグループで、グループで試したら次は個人で、という気持ちもあります。しかし本当にそれ全部、先生のチームに必要ですか？　本当に全部、子どもたちのためになっていますか？　と、冷静に考えてみましょう。

第1章　部の運営／保護者との関係

先生が振り回されているときは、たいがいのところ、子どもたちも振り回されているものです。

何種類ものコンクールやコンテストに余裕を持って出場しているチームの一般的な条件は次のようなものが考えられます。「部員数が100名を超え、ひとつのコンクールだけでは出場できない子どもたちが多数出てしまう」「大編成や小編成、他のコンクールに上級生と下級生を分けて出場させる」「上級生を吹奏楽コンクールに、下級生をマーチングコンテストに出場させる」「顧問が複数いて、吹奏楽の指導、マーチング指導、コンクール別の指揮者など指導者も分担ができる」。顧問がひとりだけで、しかも部員数が30人〜50人ならば夏のコンクールはひとつ、マーチングは校内で発表、冬はアンサンブルコンテストひとつ、ソロコンテストは希望者だけなど、柔軟に考えてよいと思います。

コンクール、コンテストなどの「競技会」は、年間のひとつの「過程」です。それが年間の「目的」になってしまったとき……先生も生徒も消耗してしまうのだと思います。

提案その❷　活動を振りかえり、整理してみましょう

まず、今年度の「活動」を月ごとに全部書き出してみましょう。そしてその横に良かったこと、また、逆に失敗したことを書き出します。例えば「5月・新入生歓迎演奏会……新入部員獲得のために大切な演奏会だった。部員たちは自分が入部したときのことを思い出し、相手の立場になって行動し、言葉かけをすることができた」などです。このときに考えることの中心は、やはり「子どもたちの心の成長」が良いと思います。そうすることで、やって良かったこと、あまり効果がなかったことの区別をつけることができます。やり方次第では、もっと効果があったかもしれないことも見えてきます。

また、適切な時期に適切なことをしているかも判断してください。例えば、新入生を育てる時期は5月から6月です。それを実現できるような活動が入っていたか。今は、1・2年生からなる新しいチームに替わる秋を一年のスタートと見立てているところもありますが、その時期に新チームの係や自立を育む活動が入っていたか、などです。1年間活動してみて、特にしんどかったところは、なぜしんどかったのか、それをなくしたらどうなのかを考えてみましょう。この1年間の活動は、いわば「前の先生の足跡」です。来年度からは、「先生ご自身の足跡」を残すときだと思います。その中には先生が新しく「してみたいこと」も入れてください。そのためには何かを削らなければ入りません。

提案その❸　年間計画を立ててみましょう

今年度の反省、振り返りができたところで、来年度の「年間計画」を具体的に立

てみましょう。基本的には教育目標や学年目標、教科の年間計画を立てる際の作業と一緒です。

◆年間計画を立てるときの留意事項

★3年間で、どんな力を子どもたちにつけたいのかを明確にする

年間計画は一年間単位ですが、部活動は3年間です。その年だけを見るのではなく、部活動3年間トータルで子どもの成長を想像し、期待し、具現化できるよう考慮する必要があります。例えば「人に感謝し、奉仕する心を育てたい」とか「生きる力をつけ、ストレスに負けない気持ちを育てたい」「思いやりの心を育み、わがままを我慢する気持ち、忍耐強い精神を育てたい」など、「具体的に」いくつかを言葉にします。

★その活動で、どんな「力」「心」が育つのかを考える

「具体的に」とは、どんなことでしょうか……。一例を挙げてみます。
●「卒業式」「入学式」「文化祭」などの校内行事……全校生徒に聴いてもらう貴重な機会。学校の役に立つことができ、部活動を認知してもらえる＝感謝の気持ちや、プライドの育成。
●「連合音楽会」「地域の吹奏楽祭」などの連合行事……他校と知り合い、友人を増やす大切な機会。演奏会の仕事を分担させていただく良い機会＝気配りや、演奏に関わる仕事を覚え学ぶことができる。支え合う気持ちの育成。
●「老人ホーム」「養護学校」「幼稚園」「病院」などのボランティア演奏……社会への奉仕は必ず「自分」に返ってくる。普段ホールに来られない方々に、演奏を聴いていただく貴重な機会＝奉仕の精神、「おかげさま」と感謝する心、どんな場所でも臨機応変に対処できる判断力、思いやりの育成。音楽の力の再発見による感動。環境・年齢・障害を越えての触れあいから得られる心の成長。
●「商店街」「地域のイベント」など地元からの依頼……地域の中で活動を認知され、理解や支援を深めていただく大切な機会＝身近な人に対する感謝の気持ち、音楽を楽しむ心の育成。地域の方々との触れあいから得られる喜び。
●「コンクール」「コンテスト」など、競技会……自分たちの音楽、演奏を客観的に評価していただける良い機会＝技術の向上。忍耐力、タフな精神力、協調性の育成。「音楽」に対して深い理解や学び方を身につけることができる。
●「合宿」「合同練習」「講習会」などの集中練習……自分の技術を高める良い機会＝基礎的な技術の向上。思いやり、気配り、忍耐力、集中力の育成。演奏以外の仕事をすることによる協調性や生活力の向上。
●「クリスマス会」「3年生を送る会」などのお楽しみ会……演奏以外のところで親睦を深め、互いを知る良い機会＝思いやり、感謝、楽しむ気持ち、気配りの育成。
……と、このように、チームが一年間に行なう事柄についてひとつひとつ考えてみ

第1章　部の運営／保護者との関係

ます。

　大切なことは、「とりあえず」や「仕方なく」、「何となく」では、何ひとつ手を出してはいけないということです。ひとつひとつの目標を定めて、そこへと導く指導者の強い意志が必要であり、子どもたちにはひとつひとつの「達成感」がなければ意味がないということです。

提案その❹　指導者の生活の基盤を「勇気」を持って考慮しましょう

　そんなことを考えながら年間計画を立て始めると、無駄なものは何ひとつなく、今までのすべてを「しなければいけない」ことのように考えてしまいがちです。ここでもうひとつ大切なことは、「指導者の生活環境とサイクル」です。私たちにも生活があります。24時間教師や部活動の顧問でいられる人は少ないと思います。独身で時間が自由に使える方。小さなお子さんのいらっしゃる方。ご主人や奥様のご両親と同居の方。介護を必要とする方を抱えていらっしゃる方。ご自分に病気のある方。健康や精神面で不安を抱えていらっしゃる方。……それこそ十人十色です。そういう自分の生活が、破綻するようなことは避けなければなりません。気持ちの問題で「やろうと思えばまだできる」のか、物理的な問題で「頑張りすぎて目いっぱいになってしまっている」のか、ご自分の「内なる声」に耳を傾けることも大切だと思います。私たちは、教師としての仕事と部活動の顧問を両立させなければなりません。まずは基盤になるご自身の生活を客観的に見つめて、そこから、最良ではなくとも、勇気を持って「折り合い」をつけることは、決していけないことではありません。

提案その❺　実質活動時間との関係を、考慮しましょう

　地域や学校によって、活動できる（練習できる）時間は異なります。例えば、季節によって極端に練習時間が制限される、また、「○○曜日は部活動を実施してはいけない」などの決まりがある……などです。これも全国的に非常に複雑で多様です。例えば冬場、実質、放課後の練習ができない下校時刻の毎日、おまけに土曜・日曜と連続した休日練習は禁止などの条件の学校で、コンテストに、地域の演奏、連合行事と本番に追われていませんか？　その練習はいつしたらいいの？　ということになってしまいます。短時間で合理的に練習できる自主性をチームにつけた上で、それでも厳しいときには本番を「精選」するしかないと思います。1リットルの器には1リットルの水しか入らないのです。どう精選してゆくのかは、やはり子どもの心の成長を第一に考えたいところです。

提案その❻　部員と保護者の理解を得ましょう

　いろいろと検討して考えた結果「よしっ。来年度はこんな計画でゆこう！」と決

めたら……今度は、子どもたちや保護者にもそのことをしっかりと伝えなければなりません。まずは、幹部やパートリーダーを呼んで先生の考えを伝えましょう。そこでの彼らの反応を見、言葉をかわしながら、彼らが納得することが大切です。次に全体のミーティングを行ない、子どもたちには<u>先生の言葉で</u>「こんな活動をして、こんなバンドにしたい」「みんなには、こんなふうな力をつけてほしい」と語ってください。きっと理解すると思います。保護者向けには、保護者会を開きましょう。新年度の2・3年生の保護者の方々だけの保護者会です。これも先に役員さんをお呼びして、話されておいた方がよいと思います。保護者会では先生が説明をしても、「前はああだった、こうだった」と文句をつける人もいるかもしれません。しかし、先生のこの1年間のご苦労を見ていた人は必ずいます。子どもたちの様子を客観的に判断できる人もいます。<u>勇気をもってしっかりと「説明責任」を果たしてください。</u>理解して協力してくださると思います。

おまけ ……私の選択、生徒の選択

　長い間、コンクールを続けてきて、全国大会に2年連続で出場させていただいた翌年のことです。偶然に翌年の定期演奏会のホールを2日間連続で借りられることになりました。私には以前から「夢」がありました。2日間連続、別プログラムによる定期演奏会……せっかくホールが取れたからやってみたい。実現したらコンクール以上のハードな道のりで、子どもたちにはタフな精神力がつくはず……そう思っていました。ちょうどその年は全国大会3年連続出場がかかり、無意識のうちに「勝ちに行っている」自分の心にも気づいていました。自分がこんな気持ちでは子どもたちを追い詰めてしまう、と正直に反省しました。そこで2・3年生を集めて、「両方は無理。どっちかを選びなさい」と選択させました。長いミーティングの結果、子どもたちはコンクールに出場せずに、定期演奏会を別プログラムでしたい、との結論を持ってきました。保護者にも了解を取り、その年のコンクールには出ませんでした（結果、本当にしんどい1年になりましたが、実りは充分にありました）。……こういう「選択」もありだと思うのです。

　先生がこれから、ご自分の足で子どもたちと歩んで行かれることをお祈りしています。

第1章 部の運営／保護者との関係

部員勧誘

相談ファイル

今年も吹奏楽部は、運動部との部員争奪戦に突入します。現任校は、全校生徒数が300名と少なく、毎年、部員集めに苦労します。現在、2・3年生で27名の部員です。いつか大編成で演奏してみたい……そんな「夢」を持って頑張っています。部員勧誘のアイデアがあれば、教えてください。

（中学校・理科・30代・男性）

「部員獲得大作戦」……バンドの一年間を決める、重大な事柄ですね。ぜひ頑張って、ひとりでも多くの新入生の入部を目指しましょう。

提案その❶ 演奏で印象アップ作戦

入学式に始まり、新入生歓迎会や、離任式など、4月は吹奏楽部が全校生徒の前で演奏する機会の多い時期です。ここでの演奏を聴いて、今までまったく興味のなかった新入生が、「かっこいいな」と思うことは意外と多いようです。こうした場で印象に残る演奏をし、そして服装や言葉遣い、態度、笑顔などにも注意して、いつ、どこから見られても「決まっている」状態にしてみましょう。これで「好感度アップ」まちがいなしです。また、わざと新入生の目につく場所で練習することも、大いなるアピールとなります。

提案その❷ 勧誘時の共通のルール徹底作戦

★「これだけは言おう」「これだけは言ってはいけない」言葉集の作成

事前にミーティングを開きます。そこで、自分が新入生の頃、上級生に言われて「嬉しかった言葉」「入部のきっかけになった言葉」、反対に「嫌な気持ちになった言葉」をあげてもらいます。また、この部活に入部して「自分のためになったこと」も考えさせてゆきます。それらをプリントにまとめて、各自に持たせます。これで、言葉による温度差がなくなり、話すことが苦手な部員も、自信をもって話しかけられるようになります。また子どもたちにとっては、上級生になって忘れかけていた「あの頃の気持ち」を思い出し、自分への良い振り返りの機会となり、相手の気持ちを

思いやる力にもなります。

★笑顔・服装・態度・言葉遣いの徹底
　これは「基本」です。しかし、なかなかできません。ミーティング時に、実際に誰かを新入生に見立てて、「ロールプレイング」をすると効果的です。これにより、2・3年生の生活態度も向上し、一石二鳥の効果まちがいなしです。

提案その❸　新入生は「王子様」「お姫様」作戦

　とりあえず、ちやほやしてあげましょう。

★1年生には「好きな楽器を好きなだけ」触らせてあげて、褒めちぎりましょう
　「仮入部期間」は、だいたいどの学校でも1週間〜2週間くらいはあると思います。その間のぞきに来た1年生には、ちょっとでも音が出たら「うーん、すごいっ、こんな生徒は今までに見たことがないっ！」などと、上級生に言われることも嬉しいですが、顧問の先生から直接言われたりしたら、それはもう「有頂天」です。

★学校生活、丸ごと、面倒を見てあげましょう
　新入生にとって、中学校生活は緊張の連続です。かばんは重い。宿題は出る。教科によって先生は違う。何となくこわい……。1年生を見かけたら、かばんを持ってあげる。部をのぞきに来たら、宿題を見てあげる。授業の受け方のコツを教えてあげる。そしてまた、帰るときには、かばんを持ってあげて昇降口まで送ってあげる（また明日も待ってるからね‼　と、ひとこと添えて）。勉強の得意な部員を「宿題係」として配置してもよいと思います。これで新入生は「吹奏楽部はなんて親切なんだ……」とメロメロです。

提案その❹　勧誘の視覚化作戦で、やる気アップ

　まず、各パートの「今年入れたい人数」（現実的な）を設定し、具体的目標を持って取り組みましょう。
●可能ならば新入生名簿を入手し、各部員に担当する新入生を決め（例えば100名の新入生に対して27名の部員ならば、ひとりあたり3〜4名の担当）、個人情報の観点から入手が不可能ならば、クラス単位で部員を派遣し、入部希望・意志などを、勧誘を通じて確認します。その状況を、毎日、帰りのミーティングで発表します。
●仮入部期間に見学した生徒には、クラスと名前を記入してもらい、徹底的に勧誘します（威圧的にならないように注意しながら）。
●部内で棒グラフを作り、入部者ノルマを決め、仮入部数の囲い込みをしてゆきます（男子は貴重なので、男子を入れた者には2名分のノルマ達成と評価してあげる

第1章　部の運営／保護者との関係

とさらに効果的)。
　目標を設定し、視覚化することで、部員のモチベーションは上がります。

提案その❺　保護者の心「ゲット」作戦

　中学に入学して不安なのは生徒だけではありません。保護者もまた不安です。初めてのお子さんが入学した場合は不安も大きいものです。特に部活動は、今までの学校生活にないカテゴリーであるために、いわゆるクチコミでの「あらぬうわさ」や「誇張されたイメージ」に左右されやすいものです。

★下校時刻は早めに設定しましょう

　新入生だけは特別に、下校時刻を学校で定められたものより早めに設定し、必ず時間厳守で帰します。まだ集中力もありませんし、通学すること自体で彼らは気疲れしています。これによって、保護者も「吹奏楽部は配慮してくれている」という印象を持ちます。残りの時間で2・3年生の本来の練習もできます。

★「仮入部期間中に」保護者あての「お便り」を出しましょう

「顧問の考え方」「部としての基本方針」「練習時間」「活動期間（引退する時期）」「かかる費用」「長期休業中の活動」「おもな活動」など、知っておいていただきたい基本的な事柄を、見学者全員に配布します（入部するかしないかにかかわらず）。これは顧問が責任をもって作成します。こうすることで誤解やうわさにとらわれることなく、真の吹奏楽部の姿が伝わると思います。また、仮入部期間中に大変ですが、保護者説明会を夜間に開いても効果的です。
　これらの勧誘活動を通じて、本当に成長するのは、実は2・3年生なのですね。

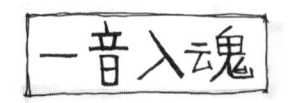

パートの決め方

相談ファイル

新入部員の、パートの決め方は、どのようにしていますか？
本校の吹奏楽部には、経験者も入ってきます。パートの決め方が原因で、部員のやる気がなくなってしまったり、トラブルになってしまったりすることもあります。どうしたらよいでしょうか。

（中学校・音楽科・40代・女性）

　本当ならば、こちらの都合でバシバシ決めたいところですが、そうすると必ずあとでトラブルに……そこが難しいですね。
　いろいろなやり方があると思いますが、まずは本人が「納得」して決定されるということが一番大切だと思います。
　どこの学校でも、各部活に、いきなり「入部」ではなく、何らかの「仮入部期間」や「見学期間」があると思います。私はいつも、この「仮入部期間」に、「入部の手引き」という冊子を作り、見学者に配布していますが、その中に、楽器の割り振りについての「手順」も書いておきます。(19ページ参照)
　また、吹奏楽部にあっては、「それが好きだから」という理由で「みんなが」その楽器になってしまったら、編成が偏って合奏ができなくなることや、そういう「楽器だけがしたい、上達したい」人は地域の音楽教室へ行ってください、というようなことも書き添えておきます。

提案その① まずは様子と適性を見ましょう

★入部して、1か月くらいは、好きな楽器を好きなだけ触らせる

「仮入部期間」は、新入部員は、部活に来たいときに来て、触りたい楽器に好きなだけ触り、「遊んで」います。それを、先輩部員たちは辛抱強く見守り、付き合い、教え続けます。「本入部届け」が提出されたら、順次、好きな楽器の音階を教えてゆきます。
　そのときに、楽器の適性を探るとともに、練習態度や人間関係なども、それとなく、上級性たちが見るようにします。

第1章　部の運営／保護者との関係

★本入部してからは、ジワジワと

　本入部後、1か月くらいしたら、第3希望までの楽器を書かせ、そこに「やりたい理由」も記入させたものを提出させます。この「理由」を読んで、その子どもの様子を見ます。その楽器の経験者だったり、すでに個人持ちの楽器があったりするかどうかもチェックします。

　それをまとめ、その年の入部者に対する、こちらのチーム作りのバランスを考慮します。こちらでは、あらかじめ編成表を作成しておき、各新入部員から出た第1希望〜第3希望までを表にあてはめ、経験者であるとか、個人持ち楽器の有無とか、個人レッスンの有無などを備考に記入してゆきます。各パートリーダーを呼んで、個々の性格や取り組み状況を把握し、考慮します。

提案その❷　納得できる「パート決定」の手順を踏みましょう

★すんなり決まることは、まずないと思いましょう

　全員が第1希望で決定できれば何の問題もありません。しかし、そんなことはまずあり得ません。そこで今度は、第3希望までの楽器の「音」を、ひとりひとり聴いてゆきます。「先生が自分の音を聴いてくれた」と思わせるような言動が大切です。これを、オーディションと思わせてしまうと、「合格した」「落ちた」と、あとから大騒ぎになってしまいます。

　その上で、最終的には
●すでに楽器を持っている生徒は、優先的にその楽器にします。
●経験者で習熟している生徒も、優先的に、その楽器にします。
「公平に」ここまでの作業を行なうことで、あとからの不平不満はなくなります。

★個人面談で最終決定

　どんなにその楽器がしたいのか……涙で訴える子どももいます。

　本気でその楽器に臨んでいるのか、または、何となくなのか、勧められたからなのか、仮入部のときに褒められたからなのか……いろいろな話を聞き、最後には、「この楽器を任せられるのは、あなたしかいない」と、熱意を持って話します。

　それでももめた場合は、第1希望でなかった上級生たちが、今がどんなに楽しいかと話します。場合によっては、保護者が「なんでうちの子の希望が通らないのか」と、ねじ込んできます。そうならないように、こちらから先手を取って事情を説明し、「結果がこうなりましたので、どうか励ましてあげてください。よろしくお願いします」と電話をします。

★パート決定セレモニーでやる気アップ

「パート決定式」を行ない、正式にパートリーダーに紹介します。

　全員を集め、「今年の1年生のパートが決まりました。紹介します。パートリーダー

は迎えに来てあげてください」と、「セレモニー」をします。大きな拍手の中で、1年生たちは高揚した表情でそのパートに迎えられます。この「感動」が大切なのだと、私は思います。

　ここまですると、第1希望でなくとも、また時として、第3希望以外の、まったく希望していなかった楽器になっても、子どもたちは「納得」して取り組むでしょう。大事なのは、「モチベーション」を上げてあげる、こちら側の「動機付け」にあると思います。

提案その❸　～途中から不満や、弱音が出たとき～

　入部した年の夏から秋にかけて、よく「私はちっとも上達しないから辞めたい」とか「一緒に始めた同級生よりへたくそな自分が嫌になった、チームに迷惑をかけてしまう」などと、弱気になる生徒が必ずいます。その向こうには、「この楽器はやっぱり私には向いていない」という気持ちもあります。

　そういうときには、「やっと自分がヘタだと自覚できたか。えらいっっ‼」と、褒めてあげましょう。「楽しいだけでは上達しない。自分の技術や音がどれほど未熟か、分かったときが勝負。さあ、ここからですよ。よかったね、おめでとう」と、励まします。

　実は、これは私自身の経験から出た言葉です。自分の弾くピアノの音が汚くて、もう弾くのも聴くのも嫌になったとき、レッスンの恩師から言われた言葉なのです。そのとき、よく分からないけれど、中学1年生の私は「そうなんだ」と納得したものです。

　パートの決定は、こちらが思う以上に、子どもたちにとっては「人生の一大事」です。先生が、子どもたちを心から褒め、励まし、認め、円満なパート決定になりますよう、応援しています。

第1章 部の運営／保護者との関係

保護者会を作る

相談ファイル

　私は新卒5年目で、今年の4月に2校目に異動しました。前任校では運動部の副顧問でしたが、現任校にはすでに吹奏楽部があり、初めて顧問をすることになりました。吹奏楽部には保護者会がなく、他校の先輩の先生に相談したら「ぜひ、作った方がよい」という意見と、「保護者会を作ると面倒が起きるから、作らない方がよい」という両方のご意見をいただき、迷っています。4月から今までは部費もとらずに、学校からのお金だけで運営し、引率も少なく、実際にはそんなに困っていません。また私は、どちらかというと口べたで、保護者とうまくやってゆく自信がありません。
　しかし、これから先のことを考えると、どうしたものかと迷っています。どちらがよいのでしょうか。またもし、保護者会を作る場合、どんなことに注意し、どういう協力をしていただいたらよいのかも教えてください。
（中学校・音楽科・20代・女性）

　確かに保護者会については、いろいろな考え方があると思います。先生がまだお若く、経験もないなかで、迷われるお気持ちもよく分かります。
　私は異動先で吹奏楽部を立ち上げるたびに、同時に保護者会を作ってきました。なぜならば、教育の延長線上にある部活動についても、学校と家庭の両方の協力があってこそ、子どもたちが健全に育つと考えてきたからです。
　「仕事の援助、補助」としての側面で考えれば、ひとり顧問で、すべてを自分で抱え込んで運営をしなければならない場合は、誰かに手伝ってもらったら助かります。反対に、何人も副顧問や顧問がいて、運営も引率も仕事内容も分担してできる環境にある場合は、常時、保護者会という組織を作って手伝っていただく必要はないのだと思います。
　ここでは、顧問への物理的な支援、仕事の軽減だけの理由ではなく、別の視点からも保護者との関係を考えてみて、「保護者会はないよりは、あった方がよい」という立場でお話させていただきたいと思います。

提案の前に

① 保護者会があると、どんな良いことがあるのか？

★メリットについて
「部活動への関心が高まる」「会計・引率・イベント準備などを手伝っていただける」「顧問の精神的・物理的な支えになっていただける」「地域への発信力が増し、本番依頼も増える」「顧問との関係が深まり、信頼関係が増す」「自分の子ども以外の部員への関心が増し、地域での部員への教育力が増す」「様々な情報が入り、部員の生活指導に役立つ」「保護者からのクレームや誤解に協力して対処していただける」「バザーなどを実施して経済的に支えてくださる……」等々。

　これらのことは、発足後すぐにこうなるわけではありません。何年か続けてゆくと、こういう良いことがたくさん出てきます。新しく作る場合は比較的容易ですが、すでにある保護者会と良い関係を結んでゆくことには、忍耐と努力が必要になってきます。

★デメリットについて
「保護者会を実施したりお知らせをしたりする物理的時間が、顧問の負担になる」「クレームが増えると、精神的に煩わしい」「お金の管理、外部指導に対する考え方、顧問の指導の仕方について、必要以上に干渉してくる」「顧問を自分たちで雇っているような失礼な態度や、高飛車な発言をする」「保護者間のトラブルを持ち込まれる」「いちいち前任の指導者と比較される」「コンクールの結果で善し悪しを判断される……」等々。

　これらは、伝統を築いている部活動や、子どもたち、保護者ともに、以前の指導者の考え方から抜け出せない場合によく起きる問題です。個人的には、これら「デメリット」と言われる事柄も、指導者の粘り強い努力によって、良い方向に向かうものだと思っています。

② 顧問の年齢、性別は、保護者会との関わり方に関係するのか？

　これはやはり、自分の経験からいっても、関係していると思います。
　保護者の年齢層よりも顧問が若い場合、保護者の立場からしてみれば、やはり最初は「若くて大丈夫だろうか」とか「こんなに若い先生に任せられるのだろうか」といった感覚から、つい懐疑的な発言をしたり、ため口をきいたり、逆にツンツンしてよそよそしかったり、少しでも納得できないことがあれば、それを声高に唱えたりされがちです。若い男性の顧問の場合は、必要以上に馴れ馴れしい態度をとられることもあると思います。また、男性顧問は特に女子の指導の場合、昔と異なり

第1章　部の運営／保護者との関係

デリケートな問題を含んでいて、保護者も敏感になりがちです。

　顧問の立場から見るとどうでしょうか。若い頃は、ただでさえいろいろと不安や心配があります。「うまくやってゆけるだろうか」という心の内を見透かされまいと、保護者との関係に距離を置いたり、「早く認められたい」と焦ったり……コンクールで結果を出せば、保護者にも、生徒たちにも信頼されるようになると考え、自分の器以上に頑張りすぎて空回りしてしまったり……その結果、「私はこんなに頑張っているのに、分かってもらえない」とひとり辛く悩んでいる先生もきっといらっしゃるはずです。

　では若いうちは、ダメなのでしょうか。年齢を重ねるのを待つしかないのでしょうか。

★そんなことはありません。「大丈夫！」秘訣はご自身の「心」にあります

　私たちは目の前の生徒たちにいつも、「素直になりなさい」「相手の立場を考えなさい」と教えています。その私たちがまず、一番「素直」でなければならないと思うのです。

　若いのですから、未熟で当たり前、そんな自分をまず、自分自身で認めることが大切です。同時に、胸を張って、「私は確かに経験不足ですが、努力は怠りません」「子どもたちを愛する気持ちでは、誰にも負けません」という姿勢をきっちりと示してゆきましょう。

　年上の保護者のみなさんには、頭を下げて、「人生の先輩」として敬意を払い、学びましょう。「理不尽なこと言うなぁ」と思っても、とりあえず全部、話は聞きましょう。その上でおかしいと思ったら、堂々と正当な考えを口にしましょう。「なるほど、そういう感じ方もあるんだ」と思えたら、「お話しくださってありがとうございました」と素直に受け入れましょう。

　残念ながら、今は職場も人間関係がパサパサです。若い教師を真剣に叱り、励まし、育てようとしてくれる同僚、先輩は大変少ないと思います。みな、自分のことで精いっぱいなのです。しかし、その中でも「誰か」は見ていてくれます。校内にいなかったら、地区の顧問会や音楽部会などを見渡してみましょう。そういう人に、保護者との関係作りや、自分の人間性の高め方を学びましょう。ときには「愚痴」も大事です。どうでもいいようなことが辛くて仕方がないときもあります。たくさん愚痴って、ストレスを発散させてください。

　すべては、先生の「心の持ち方」で決まるのだと思います。人に対して謙虚になれず、いつも誰かのせいにして人生を送った人は、年齢を重ねても決して良い教師にはなれないし、保護者から信頼される教師にもなれないと思います。

　私も20代、30代の頃は、かなり「ツッパッて」いたように思います。後年、当時の保護者のみなさんから「あの頃の先生は、近寄りがたいものがあった」「いつも孤独でギリギリで、声もかけられない感じがしていた」と言われました。それくらい「思い詰めて」突っ走っていたのだと思います。それがこんなに「柔らかく（えっ？）」なっ

たのは、ただ「おばさん」になったからだけでもないように思えるのです。
　私たちは、部活動で子どもたちの「心」を育てようとしています。私たち自身も、自分の「心」と向き合いたいものです。
　<u>若いからこそ！</u>　の強みもあります。時間、体力、意欲、柔軟性、フットワークの軽さ……どれもベテラン教師より勝っている「武器」です。「プラス思考」でゆきましょう。きっと大丈夫。元気を出して頑張っていただきたいと思います。

★私も若い頃はいろいろとありました……
「うちの子をいつまで拘束するつもりだ」とねじ込まれたり、「他校の演奏会に花束を出すなんて、公立学校であるまじき贅沢。そんなことに部費は使うな」と怒鳴り込まれたり、「子どものいないあなたに、何が分かるんですか」「部活していると高校に合格できないって、塾の先生に言われました。本当ですか」「先生はカリカリしすぎよ。どっか悪いんじゃないの」「先生のご主人、きっと浮気してるわよ。当り前じゃない、妻がこんな生活してて黙っている男なんていないわよ」などなど……お口あんぐりてんこ盛りで、目が点、悔し涙、大きなお世話が、いっぱいありました。しかし、「せんせ、気にしちゃダメよ」「負けちゃダメ。頑張って」と声をかけてくださったのもまた、保護者のみなさんでした。着任したばかりの保護者会が紛糾したとき、「みなさん、とりあえず、黙って先生のしたいようにしてもらいましょうよ」と、ひと声で収めてくださったのも、保護者会のお父さんでした。

③「保護者会」についてのとらえ方

　次は「保護者会」という組織そのものの「とらえ方」について考えてみましょう。「保護者会」というと、そういう「会」だけが独立して、何かをするように思いがちです。しかしここでは、「<u>年間を通じて部活を支え、協力していただける保護者と良い関係を作ること</u>、それが結果として保護者会となる」と、保護者会をとらえたいと思います。日頃の顧問の努力、工夫によって、保護者との信頼は築かれてゆきます。それがあってこそ、初めて、「保護者会が円滑に機能する」のです。そしてそれらはすべて、「子どもたちのため」にならなければ意味のないことです。
　では具体的にどんな方法が考えられるでしょうか……

提案その❶　まずは情報公開を積極的に行ないましょう

　相手がどう受け取ろうと、まずは「本当のこと」を発信し続けましょう。良いこと、進歩したこと、ありがたかったこと、嬉しかったことは「心から褒めて、喜んで、感謝して」、悪いこと、残念なこと、情けないこと、失敗したこと、うまくゆかないことは「本気で怒って、悲しんで、謙虚に」……<u>情報を公開し、バンドのありのままの姿を発信することが大切だと思います</u>。変に隠しごとをしたり、見栄を張っ

第1章　部の運営／保護者との関係

たり、良いことしか知らせなかったり、事態が悪化してから連絡したりしていては信頼関係は作れません。そのことをとやかく言う人は必ずいると思います。しかし、反面、正直であるがゆえに味方になってくださる人も必ず出てきます。勇気を持つことだと思います。

提案その❷　クラブ便りを書いてみましょう

　おおげさなことではなく、日々の何気ない出来事、毎週の予定、子どもたちの様子、顧問が心に感じた事柄、こんな人になってほしいというような抽象的な想い、楽器を買うお金がないというようなビンボウ話、ありがたいなと思う出来事、行事や本番についての説明など……少しずつでも、発信してゆくとよいと思います。もちろん、子どもを通じて渡すものなので、親に出す子もいれば、出さない子もいます。しかし、続けてゆくと、読んでくださっている保護者から聞いて、自分の子どもが提出物を見せていないことに気がついてくださる保護者が出てきます。私は年間にB4版で100枚～130枚ほど書いていました。ひゃー、そんなに？　む、無理……「私は書くことが苦手で」とおっしゃる先生もいらっしゃいます。何枚書くかが問題ではなく、できる形でよいと思います。

　先日も、他県の高校の先生に、この「お便り」をお勧めしたところ、早速実行されて、「先生、高校生には必要ないと思っていましたが、保護者からの手応えもあり、良かったので続けたいです」と感想を教えてくださいました。

　どう頑張っても、何をしても、価値観の違う人、視点の合わない人はいるものです。この「便り」を続けることで、良識があり、見識もある、「普通の」保護者がだんだんと理解を示してくださり、「あの先生はこんなところがダメだけれど、言いたいことはよく分かる。任せるだけでなく、応援しようか」と、味方になってくださるのです。すると、たとえ理不尽なクレイマーが現れても、保護者間で解決の道を探してくださる親切な方も出てきます。

　<u>私の場合は、この「クラブ便り」が一番のコミュニケーション・ツールでした。子どもたちに向けての発信でもありましたが、パパやママたちへの「ラブレター」のつもりで発行していました。</u>「先生、昨日の『ラルゴ』（クラブ便りの名前です）は良かったから、ご近所の方にも見せたんですよ」なんて言われると、嬉しくてますます張り切っちゃうわけです。

提案その❸　定例保護者会を持ちましょう

　新学期の春、行事の多い秋、卒業間近の冬と、年に3回ほど、定例の保護者会を開催します（開催時期については、それぞれの部活の状況に合わせて行なってください）。<u>実施日時については、働いている方や、お父さんたちにも参加しやすいように、週末や、平日でも夜に開催すると、出席率が上がります。</u>

★春の保護者会

「前期の活動計画」「顧問から活動の方針・指針の提示」「役員紹介（すでに前年度の秋に一年任期で決まっている役員さんの紹介）」「新入生保護者の自己紹介」「上級生保護者の自己紹介」

　ここでは、初対面の保護者が多いので、毎年、指導者としての考え方をきちんと表明することをお勧めします。少しでも、新入生の保護者の不安を軽減することが大切です。

★秋の保護者会

「前期の活動報告」「会計報告」「後期の活動計画」「役員交代＋親睦会」

　この頃になると、1年生の活動も慣れてきます。1年生の保護者にも係についていただく良い機会になります。親睦会も特別な場所を設ける必要はなく、お茶とお菓子で和やかな雰囲気を作り、ざっくばらんな意見交換の場にしてみてください。「部活、部活でちっとも勉強しない」「帰宅すると疲れて寝てしまい、家の手伝いもしなくなった」など、普段の困ったことや悩み事を出していただき、顧問からだけでなく、下級生の保護者に上級生の保護者が「うちもそうだったけれど、変わりますよ」などと、アドバイスしていただいたりすると、「出席してよかった」と思える保護者会になります。

★冬の保護者会

「後期の活動報告」「会計報告」「定期演奏会についてのお願いとお知らせ」「係分担」「卒業生保護者に対する謝辞」「卒業生保護者からのひとこと」

　卒業してゆくのは、子どもたちばかりではありません。保護者も「卒業」です。3年間の感謝の気持ちを言葉で贈り、これからは「地域の中で応援してください」という温かい雰囲気が作れたら、お互いに気持ちが良いと思います。

提案その❹　携帯電話のメールを活用してみましょう

　今は携帯の時代です。メーリングリストをあらかじめ作っておいて、必要な情報やお知らせは、一斉に送信することができます。実際にこの機能を活用し、毎日「部活情報」として発信している、すばらしい他県の先生を私は知っています。今は物騒な世の中ですから、部活が終わって「今、解散しました」というお知らせだけでも保護者はずいぶん安心なさると思います。寄り道防止にもなります。ただし、個人情報保護の観点から、あくまで連絡のツールとして使用することをお勧めします。

提案その❺　実際の組織について

　これはあくまで、ひとつの例です。

第1章　部の運営／保護者との関係

●代表1名、副代表(違う学年から)2名、会計2名の計5名で役員を構成。任期は1年間。
●役員交代は毎年10月末〜11月にかけて行なう。この方が、5月に入ってくる新入部員の保護者の精神的な不安や負担が少なくなる。つまり、1年生の保護者は秋まで無役。
●部費は月2000円前後、別途保護者会費として500円〜1000円を集金していたこともあり。訪問演奏などの交通費、トラック代、子どもたちへの花、他校への祝電、花束代、お楽しみ会、懇親会などの軽食費も含む。大きな大会の遠征費、定期演奏会費、チケット代金については、別途集金。以上、集金から執行まで、会計の役員にお任せです。

提案その❻　保護者限定の特典〜①部内コンサートを実施してみましょう〜

　私は年に2回、実施していました。これは普段お世話になっている保護者のみなさんと、校内の先生方だけを、手作りの招待状でお招きして行なう演奏会です。年間の演奏会の回数が増えれば増えるほど、この「お客様は保護者と関係者だけ」の演奏会は「特別な」ものになってゆきます。

★7月の「新人演奏会」
（「フレッシュコンサート」「ファーストデビュー」など、名称は何でも！）
　5月に本入部してきたばかりの、1年生が主役の演奏会をします。5月に「プゥー」とか「パフッ」とかしか音の出なかった1年生たちが、大汗をかいて一生懸命にやさしい曲を演奏します。それを新入生の保護者のみなさんがご覧になることで、より一層安心し、上級生たちの姿に自分の子どもの将来を重ねることができます。<u>終了後に、コンクールの説明や、夏休み中の部活の話をすると、柔らかい雰囲気の中で説明することができます。</u>

★12月の「クリスマスコンサート」
　受験のために休部している3年生たちも入って、クリスマスにちなんだ曲と、アンコンに向けたアンサンブルを中心にした演奏会をします。保護者会には欠席したけれど、ご来場くださる方々も大勢います。<u>そういう場所で、日頃の感謝や、これからのお願いなどもすると、やはりホンワカした雰囲気の中で、顧問の考え方を分かっていただくことができます。</u>

提案その❼　保護者限定の特典〜②練習見学はいつでも受け入れましょう〜

　活動しているときは、いつでも、練習を自由に見に来てください……と、思い切って宣言してしまいましょう。実際にはいらっしゃる方は少ないですが、「いつ行ってもいいんだ」という安心感を持っていただくことが大切です。たまたまそれが、顧

間激怒の「修羅場」だったりすることもありますが、それはそれで「これも部活の
ひとつの真実」として開き直って公開してしまいます（私なんか、こればっかりで
した……苦笑）。

提案その❽ 実際の仕事について

　保護者会としての実際の仕事は、「会計」「引率の手伝い」「演奏会の手伝い」が大
きな柱になると思います。
　校内事情にもよりますが、お金に関わることは、顧問が直接タッチしない方が透
明性が出てきます。一方、引率については、今は管理責任問題などいろいろと難し
いので、あくまでも補助的に協力していただきます。また、演奏会については、受
付や、会場設営の手伝い、接待、各種手続き、部員のバスの手配、飲食に関わる手
配など、そのバンドの状況によって、いくらでもお手伝いいただくことはあり、助
けていただけます。
　互いの信頼関係が育ち、円滑に運営されるようになってくると、例えば、吹奏楽
の講習会などの会場校になったときや他校との交流会などで、役員の方々の呼びか
けで、保護者会のみなさんが家庭科室を使い、講師の先生や他校の顧問の先生方の
昼食を手作りしてくださり、参加者にとても喜んでいただけます。また、バザーな
どを実施して、運営費の援助をしてくださることもあります。保護者の中には、す
ばらしい趣味や特技をお持ちの方も多く、そういう作品をバザーで披露する中で、
保護者どうしの仲も良くなってゆきます。「おやじの会」ができて、お父さんたちの
飲み会が勃発したりもします（実は私はお酒がまったくダメなのですが……）。その
うちに、おそろいのＴシャツを作ろうとか、トレーナーにプリントしようとか、"団
結の証"を作り、保護者会としてのチームワークも良くなったりします（ただし、
これはゆき過ぎると、自分たちは特別なんだと「勘違い」する人も出てくることが
ありますので、注意が必要です）。コンクール練習などでは、当番を作って、差し
入れをしてくださったり、顧問が体調不良でダウンしたときに練習を見ていてくだ
さったり……まだまだたくさんあると思いますが、いろいろなことが「善意」で動
き始めるようになります。

最後に……

　私たち教師は、日頃から保護者との関係が重要です。そしてそれは、大変な緊張
を伴います。せめて部活動くらいは、保護者に気を遣う作業は軽減したい……と、
思われるかもしれません。しかし、せっかく任された部活動です。教育課程外であ
るこの部活動で、しっかりと保護者との関係を築くことができれば、教師としての
様々な場面で、きっとご自身の力となり、支えとなることと思います。
　良い保護者会を作り、子どもたちの成長の糧になるよう、お祈りしています。

第1章　部の運営／保護者との関係

> **顧問の ひとりごと**
>
> 子どもたちの成長に、いろいろな肥料や、水やりをするのは、大人たちの役目です。
> しかし、「きっと赤い花が咲く」と思っても、黄色い花を咲かせる子どももいます。
> 「もうそろそろ、実をつけてもよい頃だ」と思っても、なかなか実をつけない子どももいます。
> 「いつか、どんな色でも、花が咲く」
> 「いつか、どんな形でも実をつける」……
> それでいいじゃないですか。
> 十分じゃないですか。
> 肥料や水も、多すぎると枯れて腐ってしまいます。
> そんな「良いあんばい」を家庭と学校で、作ってゆきましょう。

OB会を作る

> **相談ファイル**
>
> 現任校で、6年目を迎えています。バンドの運営も、演奏も、少しずつ軌道に乗ってきています。卒業生たちからは「そろそろOB会を作ってほしい」と言われています。私はこれまで作ったことがありません。具体的な手順や、注意点などを教えてください。　　　（中学校・数学科・40代・男性）

　一校に定年まで勤める私学では、吹奏楽部の長い伝統の中で、OB会のある学校も多いと思いますが、公立では顧問の異動があるために、実際のところ、OB会を運営しているバンドは少ないと思います。ここでは、異動のある公立学校と仮定して、ご一緒に考えてみたいと思います。

提案その❶　何のためのOB会か、「目的」を明確にしましょう

　自分たちに近い世代の仲間が、ときどき集まって、わいわい先生を囲み、たまにはOBバンドを結成して楽しく過ごす……これも、ひとつの形だと思います。しかし、長い視点で見たとき、それだけでは、核になる先生が異動なさったり、中心になって動く卒業生の事情が変わったりすれば、そのまま自然消滅してしまいます。
　あくまでも、「母校、吹奏楽部」のために「貢献」することを目的に結成されることが望ましい形だと思います。

提案その❷　どんな役割が果たせるのかを、考えてみましょう

　OB会は、一度作ったら、そのバンドが続く限り存在してほしいものです。そのためには、「今できること」と「将来的に可能なこと」を合わせて、その果たせる役割を具体的にしてゆくことが大切だと思います。

★母校の技術的な向上の役に立つ

　卒業したばかりの若い世代は、まだ現役で演奏活動をしていると思います。さらには、音大に進学したり、楽器を仕事として活躍したりしている卒業生もいると思

います。そういう卒業生たちは、時折母校を訪問し、現役部員の演奏技術の向上のためにサポートできます。

★定期演奏会、コンクール、遠征などの手伝い

これらは、日程を空ければ、誰でも参加できます。先生や保護者の負担が少しでも軽減されるように、組織的にサポートができます。また、大きな本番前には、部員たちの精神的なサポートもできます。

★資金的な援助

社会人として自立した卒業生たちは、金額の大小には関係なく、何かとお金のかかる吹奏楽部のために、資金的な援助が可能です。

この他にも、余力があれば、OBバンドを結成して現役と同じ舞台に上がったり、資金的に余裕のある卒業生が楽器を寄贈したりと、考えられる「貢献の方法」はいろいろあると思います。

提案その❸ できる限り多くの卒業生に呼びかけをしましょう

公立学校では、異動がつきものです。結成する際に、自分の勤めた年月分だけの卒業生に声をかけるのではなく、そのバンドの創設以来の卒業生に、できる範囲で声をかけましょう。私たち教師にとっては、何校も異動する中の1校ですが、卒業生たちにとっては、かけがえのないただひとつの「母校」です。たとえ先生が教えた生徒でなくても、「協力してほしい」と声をかけられたら、煩わしいと思う人もいると思いますが、喜ぶ卒業生もきっといると思います。その卒業生たちが、年代も、教えを受けた顧問も関係なく、いつでも母校吹奏楽部に寄り添ってくれるような組織作りを目指すことが理想だと思います。

★クチコミで広める

今は、学校選択制度が導入され、「学区」がなくなりつつあります。それでも、クチコミは、有効です。部員の兄姉、保護者に相談すれば、昔の卒業生にもクチコミで伝わります。

★バンドの歴史を知り、呼びかけ方を考える

新しいバンドならば問題はありません。古いバンドは、まずはその歴史を知り、昔の顧問の先生に連絡をとってお尋ねしたり、名簿などが残っていたら、それを活用したりします。どこかの代の誰かに連絡が取れれば、そこからスルスルと情報をたぐり寄せることができます。

提案その❹ 組織を作りましょう

「〇〇吹奏楽部にOB会ができるらしい」と、うわさを広げると同時に、組織作りにも着手しましょう。

★規約の原案を作ります

最初ですから、先生ご自身が「規約原案」を作りましょう。名称・目的・役員組織（会長・副会長・会計など）・これだけは守ってほしいこと……などを、簡単にまとめてプリントにしておきます。最初が肝心、どんな形でも、文書に残すことはとても大切です。

★役員の決め方

バンドか先生の代だけの歴史ならば、「作ってほしい」と言い出した卒業生に会い、相談して決めます。歴史ある古いバンドの場合は、とりあえず何も名前は入れずに、最初の会合の席上で決める方法もあります。

提案その❺ OB会を開催しましょう

何となく人数が集まりそうな感じになったところで、こちらで、日時を決め、とりあえず会合を開いてしまいましょう。学校や仕事のある卒業生ですから、平日の夜間か、休日の夜間に開催し、互いの顔合わせ、顧問の自己紹介などしながら、お茶とお菓子で（場合によってはいきなり飲み会で）場を和ませてから、本題に入ります。

いろいろな考えを持って、卒業生たちは集まってくれると思います。「どんなOB会にしたいのか」を先生がしっかりと伝えることが大切です。また、規約の原案を提示し、みなさんの意見を取り入れて空欄を埋め、最終的な規約作りをします。

卒業生のみなさんにも、いろいろな事情があります。「ここはできるけれど、これは無理」とか「もっとこれもできそう」とか、いろいろな意見が出るとなお良いと思います。

互いが顔見知りになり、思い出話も出るようになったら、それでこの会合は、大成功だと思います。

提案その❻ 焦らず、コツコツ一歩ずつ

OB会は、恒常的に活動するものではありません。焦らず、ゆっくりと、「できるところから」活動を始めてください。

先生がせっかく誠実な想いでOB会を結成しても、次の顧問の先生が「面倒だか

第 1 章　部の運営／保護者との関係

らいらない」と潰れてしまっては残念なことです。異動の際の引き継ぎのときには、この点にもきちんと触れてください。また卒業生たちにも、指導者が誰でも、後輩たちを支え励ますことの大切さを、日頃からお話しください。もちろん、部員たちや保護者の方々にも、見知らぬ卒業生の方々に見守っていただいていることを、常に知らせましょう。顧問が変わっても卒業生たちが「帰ってこられる」場所……それがOB会だと思います。

　卒業生、保護者、いろいろな人たちに支えられて、チームが成長なさいますことをお祈りしています。

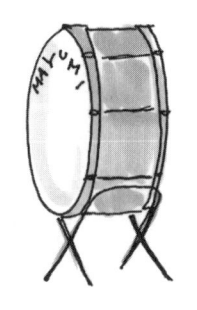

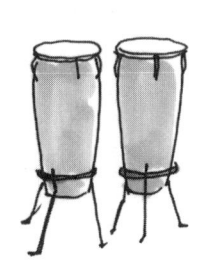

OB／保護者との関係作り

相談ファイル A

伝統のある学校で吹奏楽部の顧問を今年の4月からしている者です。伝統校であるがゆえにOB会の力が強く、部活指導に口を多く出してくる昔の卒業生が多くいて悩んでいます。前任の顧問に聞くと、「なるべく波風を立てない方が無難ですよ」と言うのですが、やはり違和感を覚えます。ただ、昔の一時代を築いてきた年輩の方々もおりますし、扱いが難しいです。OBとの良好な付き合い方があったら教えてください。
（高校・30代・女性）

相談ファイル B

私は吹奏楽経験のまったくない顧問です。異動で今年の4月に前任者の先生から顧問を引き継ぎ、夏のコンクールに臨みました。私なりに生徒と信頼関係を築くように努力し、練習もしたつもりですが、結果は地区予選の大会で終わってしまいました。これまでは県大会で常に銀賞以上の成績を上げていたので、保護者からは「やっぱり先生がダメなんだ」と言われ、正直落ち込んでいます。コンクールの結果だけを求める保護者たちにどう対応したらよいでしょうか？　やはり結果がすべてなのでしょうか？
（中学校・20代・女性）

　おふたりとも4月に異動されて、それぞれ本来のバンド活動ではない、外側の「声」にストレスを感じていらっしゃいます。どこのバンドでもこういうことの方が、子どもたちと付き合うよりも、しんどいものです。とくにご相談者はお若い先生方なので、不安も大きいと思います。お気持ちはよく分かります。ふたつのご相談には、「共通のキーワード」があるように思います。

提案の前に　共通のキーワード

●声をあげる人は常に「一部の人」であり、「みんな」ではない。しかし、その「声」が大きいので、「みんなが言っている」ように感じられ、こちらがへこんでしまう。

第1章　部の運営／保護者との関係

●「黙っている」ということは「認めている」か、「関心がない」ということ。ほとんどの人たちは、そういう人たちであるために、弁護の声や支援の意見が聞こえずこちらが不安に思ってしまう。
●声をあげる人は「声を上げることが目的」。自分の経験や価値観でしか判断せず、自分の子どものことしか見ていない。そういう人は広い視野が持てないので、「誰が指導者になっても」常に不満であり、自分の献身により物事を解決しようとはしない。

★大丈夫です。外堀から埋めてゆきましょう!

　どちらのお悩みについても、私はまず「外堀から」だと思います。声を上げる人に個別に対応するよりも、いわゆる「クチコミ」で、「地域での評判」を相対的に高めてゆく方法です。多少時間はかかっても、コツコツと先生の人柄や考え方、やり方などを周囲に伝えてゆく方法を考えてみたいと思います。

相談Aについて

　長い伝統があり、"両親や祖父母の世代まで吹奏楽部で活動していた"というようなバンドもあると思います。また公立と私立でも、そのあり方に違いがあります。相談ファイルにある学校は過去に一時代があり、何十年も続いているきちんとしたOB会があるようです。前任者がいらっしゃるようなので、異動のある公立と仮定して、考えてみたいと思います。

提案その❶　自分の立ち位置を確認しましょう

　私たち教師は、数年が経つとその学校から異動してゆきます。しかし、卒業生にとっては、その学校が「一生の母校」なのですね。人によっては自分の子どもや孫も、その学校で学ぶこともあります。愛校心がひとしおの方もいらっしゃるということです。まずは、そのことを分かってあげましょう。その上で、ただの腰掛けや、とりあえずのいいかげんな気持ちではない……という自分の立ち位置や、気持ちを分かっていただく努力が必要なのだと思います。

提案その❷　遠慮せずに、自分の色を出しましょう

　だからと言って、卒業生に遠慮することはありません。教師として着任し、部活動も引き受け、顧問として目の前の子どもたちと毎日毎日、真剣に付き合っているのです。「自分はここで何がしたいのか」、「どんな子どもたちに育ってほしいと願っているのか」、「どんな場として部活を運営してゆこうとしているのか」といった、「指針」や「軸」を、まずはご自身が明確にされることが大切だと思います。

提案その❸ 部活動の「見える化」に取り組んでみましょう

　自分の中に指針があっても、それが表に「見えない」と、あらぬうわさや誤解が広がったり、卒業生や周囲の人たちからいろいろ言われたりする原因にもなってしまいます。

★「クラブ便り」などを発行する

　これはもちろん、子どもたちや保護者に向けてのものですが、回り回って、卒業生の目にもとまります。活動内容や、活動計画、子どもたちの様子、先生の考え方、こういう日々の事柄を文字で残すことは、自分にとっても良いことだと思います。

★勇気を持って自分からOB会と接点を持つ

　卒業間もないOBはよく母校にやってきますが、社会人になると、なかなか時間を作ることが難しくなります。すべての世代と接点を持つことはできなくとも、自分の知らない世代の卒業生たちを平日の夜などにクチコミで学校に招き「顔見知り」になっておくと、演奏会のお手伝いや、地域の催し物などで頼み事がしやすくなります。年に一度でもいいと思います。内容は、お茶とお菓子を準備して、現在の部活の様子を報告したり、昔話を積極的に聞いたりすると、「今度の顧問は自分たちを歓迎してくれている」と喜んでいただくことができます。そしてその好意的な印象はクチコミで広がります。自分にとっても、バンドの歴史を生で知ることは"楽しいことだ"とプラスに考えるようにしましょう。またそうした席上で、いつもクレームをつけてくる卒業生についてさりげなく情報を流したり、話題に入れたりすると、対処の仕方も分かってくるし、先生の応援団になってくれる人も出てきます。

提案その❹ 積極的に手伝っていただきましょう

　そこまでの人間関係ができてきたら、大きな演奏会などでは積極的に手伝っていただくとよいと思います。卒業生の中には「頼りにされる」ことが嬉しい人もたくさんいます。先生は若いのですから、保護者、卒業生の区別なく、素直に助言を受け入れたり、社会でいろいろなネットワークを持っている人たちに支援したりしてもらうことは、今後の教師人生のプラスに必ずなると思います。

おまけ…… 私の経験から

　私も以前、何十年という長い歴史を持つ学校のバンドの顧問になりました。そのときは部員の保護者やクラスの生徒の保護者から「先生、私も吹奏楽部の出身なんですよ」とよく言われました。30年以上昔に全国大会に出場したことを、ついこの

第1章　部の運営／保護者との関係

間のように思っているご年配の方々も多く、何代顧問が代わっても、「そのときの顧問」の名前しか覚えていません。子どもたちとどこへ演奏に伺っても「ああ……○○先生んとこの学校ねぇ」と、その昔の顧問の先生のお名前をおっしゃいます。最初は私も複雑でしたが、そのうち、こちらから「あのぉー、○○先生で有名な○○中学ですが……」と、老人ホームなどの営業にチャッカリ使っていました。……気持ちの持ちようです。先生、頑張ってください。

相談 B について

提案その❶　やんわりと……無視

　まずは、まともに受けて立ってはいけません。先生は吹奏楽部の顧問も初めて、年齢も20代ということでさぞやショックだとは思いますが、決して、そんなことを本気で思っている保護者ばかりではありません。私は、そういう言葉をまともに受けて、先生ご自身が"吹奏楽の指導大嫌い"になってしまうのではないか……と、そっちの方が心配です。「すみませんねぇ、若いので勉強不足で……。でもあきらめずに、子どもたちと頑張りますから」と、顔が引きつってもニッコリかわし、無視です。むし。大切なことは、先生と子どもたちとのコンクール取り組みにおける「関係」「経過」です。先生ご自身がこれからも学び続け、経験を積むことによって、「経過」と「結果」の距離は縮まってゆくと思います。大丈夫です、先生。

提案その❷　自分を知ってもらいましょう

　先の相談でも提案しましたが、「クラブ便り」はとても有効なツールです。クラス担任をしたら「学級通信」、部活顧問をしたら「部活通信」……これは、子どもたちにとってだけでなく、普段会えないからこそ、保護者のみなさんにとって唯一先生を分かっていただく「場所」だと思います。「今週の予定」や「行事について」の説明、学校からのお願いといった内容だけではなく、「先生のつぶやき」「先生の喜び」「先生の怒り」「日常の些細な出来事」「子どもたちが光った瞬間」「子どもたちの感想文」「保護者への願い」「先生が好きな言葉や詩」「先生が最近感動したこと」「演奏会の案内やお得情報」……などなど、書く材料はたくさんあると思います。そういうことの積み重ねから、「先生丸ごと」を知っていただく努力をしてみましょう。プリントを親に渡す子もいれば、そうでない子もいますから、全員の保護者に伝わるとは限りません。それでも、保護者間のクチコミで「今度の先生、若いけれどなかなかいい人みたい」とか、「先生は少し頼りないけれど、頑張ってるみたいだから応援してあげなくちゃ」という気持ちは広がります。こういう「お便り」を書くのは少し勇気が必要かもしれませんが、やってみると、とても良いことがあります。

今はブログというツールもありますが、ネット上で不特定多数の人々に発信すると誤解のもとになることもあります。また「自分たちにだけ」発信している「便り」のほうが、アナログですが、人間的な温かみがあり、より言いたいことが言えると思います。

個人情報保護の観点からも、インターネットを媒体とするツールはお薦めできません。

提案その❸　3年間でカラーが出せると思いましょう

誰でも着任したその年から、全部自分の色で運営できる人はいないと思います。以前の先生のやり方が身についている2・3年生が卒業して、先生が1年生のときから指導した子どもたちで3学年が構成されるまでの3年間は、保護者にもいろいろなことを言う人がいますし、子どもも不平や不満を口にします。そのことを先生の気持ちの中で「想定内」にしておけば、多少何かが起きても余裕を持って乗り越えてゆけます。

提案その❹　なぜコンクールに出るのか？　～気持ちを整理しましょう～

これは、とても大切なことです。なぜ？……と、自分に問いかけるのです。このことについては、第3章125ページと131ページで詳しくご提案させていただいていますので、参考になさってみてください。

ここで取り上げた2つのご相談は、若い先生方にとってはとても「重い」事柄だと思います。しかし、若いということは、「たくさん失敗できる」、「たくさんの伸びしろ（可能性）がある」ということです。謙虚に、素直に……卑屈にならず、勇気を持って……元気を出してください。応援しています‼

第1章　部の運営／保護者との関係

部費

> **相談ファイル**
>
> 吹奏楽部の顧問を任されて5年になります。これまで部費を毎月500円ずつ生徒から徴収していましたが、活動の幅が広がるにつれて予算的に厳しくなってきました。他校の先生方に聞くと「それは少ないよ。ウチは毎月2千円だし、うわさだけど1万円以上という学校もあるみたいだよ」と言われ、適正な金額がいくらなのかが分からなくなりました。緒形先生の部費に対する考え方をお聞かせください。　　　　　（高校・音楽科・30代・男性）

　先生、よく頑張ってこられましたね。しかし適正な金額となると……ずーっと貧乏だった私には正直よく分かりません。

　確かに、高額な部費を集めている学校は存在します。また、学校が潤沢な資金援助をしているところもあります。しかしその多くは私学です。それは保護者も生徒も納得の上で入学・入部をしているので、それでいいのだと思います。公立校にはいろいろな家庭環境の生徒がいます。それは中学でも高校でも同じです。基本は、なるべく保護者の負担は少なく、と考えるのが普通だと思います。しかし最近は行政も財政難から「受益者負担」を前提に、部活動にかかる費用は保護者に……ということも強調され、狭間で苦労するのは顧問だけ、という現実もあります（辛いところです）。

提案その❶　「仕分け」

★吹奏楽部でかかる費用を、計算し、区別してみましょう

　吹奏楽部は、何だか知らないけれどお金がかかる……この「何だか知らない」の中身を検証してみましょう。
○絶対に必要なもの……楽器、修理、楽譜、周辺機器、譜面台、メトロノーム、チューナー、リード、マウスピース、教則本、手入れ用品、運搬手段。
○余裕があったら欲しいもの……ユニフォーム、打楽器ハードケース、横断幕、トラック、編曲や作品委嘱代、パート別のコーチ代、卒業生記念品、他校への花束（演奏会で）、祝電代、交流代。
　などなど……書き出してみましょう。そして年間、どのくらいのお金が必要なのか

をそれぞれに出してみましょう。

★部費で支出するものを視覚化しましょう

　ひとくちに「部費」と言っても、その支出の範囲は学校によって様々です。まず自分の学校では、先に書き出した部分のどれを部費でまかなっているのかを、項目別に視覚化してみましょう。自治体によっていろいろですが、複数の学校と比べてみて、本来部費でまかなうべきものでないものもそこにはあるかもしれません。視覚化することで、公費で買うもの、部費で買うもの、個人で買うもの、が見えてきます。

提案その❷　保護者への説明と提案

★保護者に、現状を率直に説明しましょう

　ここまでの作業を終えたら、厳しい現状を保護者に説明しましょう。また年間を通じて、どのような活動を展開しているのかも合わせて説明しましょう。保護者会があれば保護者会を、なければ臨時の保護者会を開いて説明し、理解を求めます。塾や英会話、ピアノにスイミングなど習い事には月々相当の費用がかかります。部費についても、月500円で今までよく頑張ってきたものだ……という意見もきっと出ると思います。金額はこちらからは提示せず、「いくらなら可能ですか？」という形で提案すると、保護者が部員の数を計算して1000円とか、2000円とか、3000円とか（たぶんこれくらいまででしょうが）決めてくださると思います。とりあえずは決定した額で「ありがとうございます。頑張ってみます」と頭を下げましょう。

★お金を「稼ぐ」提案をしてみましょう

　バザーをしていただく。また、地域での訪問ボランティアだけではなく、演奏させていただくことで、少しでも部費に謝礼をいただけそうな機会はないかどうか。その他、お金を生み出すことを、保護者に手伝っていただけるようにお願いしてみましょう。思ってもみなかったアイデアをいただける場合があります。保護者のネットワークはすごいのです。

提案その❸　学校、役所と交渉

　保護者にお願いするだけでは、まだ不充分です。学校や役所にも交渉してみましょう。校内の場合は事務室に頻繁に相談に行き、率直な現状をお知らせしておくことも大切です。学校のあちらこちらで、「お金がない、お金がない」と言ってまわることも大切です。予算配分の審査時にその効果が出る場合もあります。

　役所への交渉は、各学校単位で校長を通じて行なう方法と、地域の顧問会などが意見をまとめて、校長会の会長や音楽部会の会長を通じて行なう方法があります。

第1章　部の運営／保護者との関係

役所には情に訴えてもうまくゆきません。どんなに困っているかを数字で示し、吹奏楽がどれほど地域社会に貢献しているかも数値化し、書類を持参して交渉します。これはすぐに結果は出ませんが、「こういう努力をしています」という姿勢が大事なのです。これにより保護者に対しても説得力が増します。

最後に……

あってはならないことですが……現実問題として、とくに部活動が軌道に乗るまでの間は、必要経費を顧問がつい自己負担してしまうことがあります。私自身も経験していますが、それが「当たり前」になってはいけませんし、それは自慢できることでもありません。

先生のバンドが生き生きと活動できるよう、お祈りしています。

顧問のひとりごと

仮入部が終わり、本入部の時期が来た。
今年は何人入るかな……ドキドキする。
だ…男子もいるじゃないかっ。やった！
あの子の妹も入ってきた。へぇ？　この子も入ったんだ。
さ〜て……またぐちゃぐちゃ、どろどろの、1年間の始まりだな。
めんどくさいけど、疲れるけど、それがいいのよね。
貧乏で、へたくそで、恵まれないけれど、「音は心」だから……。
人に何かしてもらったら「ありがとう」、
悪いことしたら「ごめんなさい」、
……また、そこからのスタートなのだ。

> コラム
> 「こんなことも
> ありました……」❶

★出会いで人は「変われる」 〜私の教師人生

　まずは初任校。私はそこで特別支援学級の担任を4年間していました。様々な障害のある子どもとの生活。命がけで指導する先生方。ここで「できることは全力でして当たり前」ということを学びました。10年連続、全国大会出場を続けていた卓球部顧問からは部活指導と生活指導のイロハを学びました。できないことだらけ。知らないことだらけ。仕事面では、福祉や障害児教育を専攻している教育実習生よりも劣る自分に何度もへこみ、あきらめそうになりました。しかし厳しさの中に、「あんたはこの仕事に向いている」と言葉をかけ続けてくださった主任が支えてくれました。

　荒れ狂っていた2校目。ドラマどころではない荒れ方でした。初めての普通学級担任。吹奏楽部をゼロから立ち上げての運営・指導。音楽の「お」の字も存在しない学校。保護者や地域との不協和音。そこでの数え切れない失敗、挫折、苦悩……これらはすべて試練でした。そこで出会った学年主任、生活指導主任、若手の仲間たちが支えてくれました。たくさん叱られて、たくさん泣いて、たくさん恥をかいて「歌う学校作り」をめざした11年間……ひとりでは何もできないことを学びました。

　部活では、外部講習会への参加、他校の見学は数知れず。「この人だっ！」と思った方々を勝手に「師匠」と思い込み、しつこくつきまとった日々。とにかく「まね」です。授業も、部活も、学級経営も、保護者との関係も……まねして、まねして、パクリまくりでした。27年間の教師人生の中にあって、この計15年間で、教師としての自分のおおまかな「原型」が構築されたような気がします。出会いはとても大切ですね。

★剣道部、顧問時代の大失敗

　初任校の1年目は剣道部の顧問でした。生まれて初めての剣道……。あるとき、地区の大きな大会に、初めてひとりで「引率」を任されました。受付で、「小平二中さんね。たすきとメンバー表を提出してください」と。「えっ？？　何ですか？　それ……」。生徒は「まさか先生……手ぶら？？」。しーん……これって例えば吹奏楽コンクールに、セッティング表と全員の出演者証をそっくり忘れていったのと同じくらいの「恥ずかしい」ことなのです。……「おたくねぇ、本当に顧問？」……あきれ顔で「本来ならば棄権ですからね、棄権」と言いながら、渋々中に入れてくれました。ルールもマナーもよく知らない私は子どもが勝つたびに大はしゃぎ。ついには優勝してしまったのです。私はキャーキャー喜んで、生徒たちと「記念写真」を撮っていました。するとあっちでもこっちでも、おっかない顔をした顧問の先生の前で、他校の生徒たちがうなだれているではありませんか。大きな声が聞こえてきました。「あんなアホな顧問の学校にお前たちは負けたのかっっ！」って……私のこと？

第1章 部の運営／保護者との関係

★保護者会「パパのひとこと」事件

　吹奏楽部のない学校に異動して、部活を立ち上げ、初めて開いた保護者会。
　誰も経験したことのない部活動だったので、こちらが提示した方針には関心を示してもらえず、保護者の不安や、要望、要求が炸裂。初回から、保護者会は紛糾してしまいました。そんなときです……出席してくださっていた、ひとりのお父さんがサッと手をあげ……「まあまあみなさん、とにかく、初めてのことを先生がしようとしていらっしゃる。グズグズ言わずに、まずは先生のやりたいようにやっていただきましょうよ。話はそれからっ」……このひとことで会場は「し～ん……」、万事めでたしで保護者会を終えることができました。（すばらしい。パパのひとことはママ千人……）

★貧乏バンド「シンバル・バスドラ」2カ年計画？

　どこの学校に異動しても、ゼロからの部活作り。当然のように、バンドはいつも財政難、貧乏の毎日。楽器も、もらいもの、借りもの。備品なんて買うお金はありません。それでも少しずつ活動が認められ、校内予算に要求できるようになりました。ある年、シンバルとバスドラムを予算要求に計上すべく、「コンサートシンバル2枚」「コンサートバスドラムとスタンド」と書きました。予算会議で言われたことば……「シンバル2枚は贅沢です。1枚にしてください」「太鼓にスタンドはサービスで付けてもらってください」……えっ？　シ、シンバルは2枚じゃないと音が出ないんですが。……スタンドをサービスでなんて付ける業者なんていませんが……。説明しましたが、ダメでした。仕方なく、その年は、シンバルのトップだけと、大太鼓本体のみ購入。翌年に、シンバルボトムと、大太鼓のスタンドを購入し、2年かかって音が出ました。（めでたし）

★保護者会「花束は贅沢」事件

　まだ20代の頃のことです。その学校でも吹奏楽部をゼロから作りました。他校とのお付き合いも大切と、他団体の演奏会には、本校の学校名で、花束や、祝電を贈っていました。年度末の保護者会で、そのことが問題となりました。「公立学校で、花束を贈ったり、祝電を送ったりするなんて贅沢です。必要ありません」と……。当時、部費はなく、私はすべてのやりくりを自分のお財布でまかなっていましたので、猛然と反論。「こういうお付き合いを学ぶのも部活動です。お付き合いを大切にすれば、自分たちの演奏会にお花が届きます。そのお花を、たとえ1輪ずつでも、終演後、子どもたちにいつも持って帰らせています。その1輪を、そのまましおれて汚いからと捨ててしまうか、大切に水切りをして飾ってくださるか、ご家庭の考え方次第で子どもの心の育ち方が変わります」「なんと言われようが、私は自分のお金で必要なことはします。おかまいなく」……その一件があり、部費も集金させていただけるようになり、マナーとしてのお付き合いに文句は出なくなりました。（あの頃は若かった……）

★「栄養失調」顧問を救え　～お助けママ部隊出動

　私は「食べること」が苦手です。大きな演奏会前などは、ほとんど何も食べなくなります。音楽準備室の冷蔵庫には、保護者の方々から差し入れられた、ユンケルやポカリスエットがギッシリ。夜遅くまで学校にいるので、お粥や、カステラ、そうめんなど、運んでくださいます。そのまま置いてゆくと食べないので、「先生。今、見てるから。ここで食

べて」と、見張っています。30代後半から40代前半、私はいわゆる拒食症を患いました。栄養失調の私のために、保護者会の役員さんたちが交代で、自宅にスープを届けてくださいました。ここでも「飲み終わるまで、見てますからね」と……。部員を怒りすぎて、過呼吸になればマッサージ。廊下でバッタリひっくり返れば、ズルズル引きずって介抱。本番前夜に高熱を出せば、泊まり込みで看病。……言葉にできない「おかげさま」のお世話をいただきました。感謝以外、何もありません。（自分の子どもより手のかかる顧問でした）

第2章
日々の指導と練習

新1年生への指導

相談ファイル

今年も5月初旬に12人の新1年生たちが本入部して1か月が経ちました。この12人は現在、マウスピースだけの基礎奏法の確立や、楽器をつけて出る音だけでのロングトーンなどをして頑張っています。なかには小学校の金管バンドで楽器をやっていて、初心者たちとはスタートラインの違う子もいます。昨年度は部員数も多かったので、1年生の一部を入れて、コンクールでは大編成に出場しましたが、今年は、2・3年生で30名ほどの部員になってしまったので、コンクールでは1年生を入れずにB編成で出場しようと考えています。毎年、コンクールに出ない1年生の指導を、しているようで何となくごまかしていて、自分の体がふたつあればいいのに……と日々悩んでいます。新1年生を効率良く、また彼らのモチベーションを高めてゆくような方向で育ててゆく良い方法はないものでしょうか？　　　　（高校・理科・40代・男性）

　コンクールの編成については、いろいろな考え方があると思います。私はコンクールに出る際、部員が多かったときを除き、常に初心者である1年生も一緒に「総力戦」で、小編成でも大編成でもチャレンジしてきました。読譜も演奏も未熟な彼らに、"吹くまね"ばかりでも参加させてきたのは、「同じ時を共有する」ことにより、結果ではない精神的な「何か」を得てほしいと考えていたからです。

　もちろん、部員が100人も150人もいて、予算もふんだんにあり、指導陣もたくさんいるチームは、1年生だけでマーチングの大会に出場させたり、2チームを組んでふたつのコンクールに出したりしている場合があります。しかし、多くのチームはそうではありません。「どうすることが1年生にとって良いのか？」悩むところです。

　先生の着目点をコンクールだけに置かずに、1年生が入部してきたときからに置き換えて考えてみると、長い視点から、1年生の育成を見ることができると思います。

提案その❶　5・6月に基礎・基本の面倒を見る

● 上級生がつきっきりで、楽器の扱い、しくみ、手入れ、基礎的奏法を教える。
● ないお金をやりくりして、この時期にパートのコーチをお願いし、1年生に「本物の音」を聴かせるとともに、正しい奏法の基礎を指導していただく。
● 地区内に合同の初心者講習会があれば参加する。

第2章　日々の指導と練習

● 「ドレミファソ」が吹けるようになったら、吹ける音で演奏できる「マイソング」（《赤とんぼ》でも、《きらきら星》でも、《かえるの歌》でも、《トトロ》でも何でもよい）を上級生と相談して決め、それを音楽的に演奏する練習をする。
● 楽器で音が出なくても、声は出るので、発声練習、合唱を一緒に練習する。
● 市販の『サーカスマーチブック』を使い、自分の出る音域に合ったパートを練習し、演奏できるようになったら顧問がピアノ伴奏をして、ひとりひとり録音する（これは「一人前に扱われている」という気持ちにさせることができます。またこれを卒業時に聴かせるとGood！）。

提案その❷　「新人演奏会」の実施

　6月下旬か7月初旬には、部内演奏会＝「新人演奏会」を毎年行ないます。主役は新入部員たちです。この時点で、彼らは最低「マイソング」と『マーチブック（の1曲）』、合わせて2曲のレパートリーを持っています。さらに、《ロンドン橋》、《きらきら星》などのやさしい曲で構成され、上級生が伴奏をすることによりすごい曲に聞こえる、市販の楽譜を練習します（私は『ビギナーズデビュー』という楽譜を使用していました）。以下、手順です。
①会場準備、飾り付け、プログラム作成、招待状作成、1年生の演奏の指導はすべて2・3年生が担当。
②パートリーダーは各1年生についての入部以来のエピソードと紹介を考えておく。
③招待するのは「保護者」と校内の「先生方・職員のみなさん」のみ（アットホームな形で最も身近な人だけに聴いていただく）。
④場所は音楽室やオープンスペース、図書室など、小さな空間で。
⑤本番の進行を考える。たとえば、
● 第1部＝上級生だけで『マーチブック』のマーチを演奏し、それに合わせて1年生が入場〜上級生と一緒に『ビギナーズデビュー』の演奏〜1年生ひとりひとりをパートリーダーが紹介後、『マイソング』のソロ演奏、リーダーより花束をもらう（新入部員の保護者は手に汗をにぎり、感激の涙を流す……はず）〜1年生だけで『マーチブック』のマーチを演奏。
● 第2部＝コンクールに向けて、全員で課題曲と自由曲を演奏（この時点では1年生は座ってはいるが演奏できない。上級生も未完成。それを「使用前」と説明しています）〜全員で合唱〜全員でアンコール（『マーチブック』のマーチ）。

　このコンサートの意味は大きいのです。1年生たちはこれで、できていないながらも「一人前」の部員としての誇りを持ちます。また、保護者のみなさんは、「つい先日楽器に触ったうちの子がこんなに立派になって……」と感激してくださり、保護者会の一員として温かく協力し見守ってくださるようになります。

提案その❸　夏休みの生活、丸ごと面倒を見る

★宿題、プール、補習、自由研究は部活内でさせる

　1日の練習を9:00〜17:00とした場合、例えば午前中は宿題をさせて、午後は練習をします。または、プール参加のノルマがある場合は、活動場所からプールに行かせます。宿題一覧に沿って、自分の部活期間中での宿題完成計画を立てさせて、仲間で教え合いながら進ませます。同じ教科を一斉に行なう必要はなく、数学をしている生徒の横で、美術の宿題をしている子どもがいてもかまいません。1年生の保護者の立場になってみれば、入部した初めての夏ですから、不安もいっぱいです。部活で、宿題から生活の面倒まで見てくれるのはありがたく、信頼も深まります。

★昼食時間を長く取り、昼休みに様々なソフトを見せる、聴かせる

　例えば、12:00〜12:30をお弁当の時間にして、12:30〜13:30を使い、オーケストラ、吹奏楽、オペラ、室内楽、ソロ楽器とのコンチェルト、過去のバンドの演奏会などのビデオやDVDを鑑賞させます。その際、簡単な鑑賞メモを取らせます。

★練習は短く、集中して、課題を明確にする

　例えば、「夏休み中にdurのスケール全調をできるようにする」という課題を出したとします。顧問はコンクール練習で忙しくても、時間帯に10分でもいいので、スケールテストを実施して、「ちゃんと君たちを見ているよ」という意識づけをしてあげてください。

★『マーチブック』から簡単な曲を課題とし、いるメンバーだけで合奏できるようにする

　秋のレパートリー、コンクールの曲をできなくても渡して、譜読みの練習をさせる。基礎合奏のメソッドを練習させる。

　これらは、ただ渡しても集中せずに、ダラダラ過ごしてしまいます。○時〜○時＝○○、と時間割を作り、ひとつを長時間ではなく、時間内にいろいろなメニューをさせると効果的です。

提案その❹　パートのレッスンは有効に使う

　もしも、コンクール前にパートのコーチを招いてレッスンを受けることがあれば、その3分の1の時間は、1年生たちの基本的なレッスンにまわしてください。さらに、コンクールメンバーのレッスンも見学させてください。その際、パート譜に直接メモを取らせましょう。今は演奏できなくても、1年生も参加している気持ちになり、意欲が向上します。

第 2 章　日々の指導と練習

提案その❺　コンクール練習の手伝い・見学をさせる

　メンバーとして演奏するだけがコンクールではありません。出場しない部員たちに、録音や機材、資料の作成、ビデオ撮影など、練習に際して必要な仕事を与えてみてください。1年生といえども結構できるものです。

　また、30分くらいは練習にも同席させ、見学させることで「先輩たちってこうして頑張っているんだ」という意識がつきます。いよいよ本番が近くなったら、通し練習やホール練習（実施するのであれば）にはぜひ連れてゆき、セッティングから計時、撤収までの手伝いと見学をさせてください。そうすることで、次年度への心構えができます。出場メンバーにも、「自分たち以外の人たちのおかげでこうした舞台に上がれるのだ」という感謝の心が育ちます。

提案その❻　指導・監督をひとりで背負わない

　顧問の先生がおひとりの場合は、本当に大変だと思います。
- 1年生の中でリーダーを決めて、午前・昼・午後とメニューごとに、顧問に報告させる。
- 卒業生がいる場合、OBで当番を決めて、監督してもらう。
- 保護者会にお願いして、当番を組んで監督していただく。

　もちろん、副顧問の先生がいらっしゃる場合には、副顧問にお願いします。

提案その❼　どんな場合も、認め、励まし、声をかける努力

　この他にも、たくさんのやり方があると思います。大切なことは、何をどうやらせるにしても、どんなに顧問がコンクール練習で手いっぱいでも、「私はあなた方をいつも見ていますよ」というサインを出し続けることです。顧問の身体は当然、ひとつしかありません。少しのことでよいのです。午前・昼間・午後にそれぞれ5分でも10分でも、「頑張ってるか？」「分からないことはないか？」「おぉ、だいぶ音が出るようになったなぁ」とか、「じゃ、1回だけ合奏してみよう！」とか、それだけで彼らのモチベーションは保たれます。

　1年生は、夏休みまではまだ緊張しているので、一般的には人間関係のトラブルはあまり表面化しないようです。しかし、それでも何かトラブルが起きたら、顧問は面倒がらずに（実はめんどくさいですが）時間を作って話を聞いてあげましょう。出ない部員も含めて、「全員でコンクールを精いっぱい終えた」、「充実した夏だった」という気持ちになれれば、それは一番幸せなことです。

　そのためにも、ご自身の心の持ち方に少しだけ余裕と客観性を持たせてみてください。

気配りをしながら指導することは大変なことです。本当にしんどい……。しかし子どもたちは、先生の「本気」を必ず感じ、受け止めると思います。頑張ってください。

> **顧問の ひとりごと**
>
> 数か月前まで「小学生」「中学生」だった1年生たち。
> 彼らは、最上級生として頼りにされ、活動してきたのだ。
> あるいは、手がつけられない子として、暴れまくり、
> あるいはひとりぼっちで、
> 排除されていたのだ。
> 私はそれらのことをいつも想像する。
> 忘れてはいけないと思う。
> 小学校から中学校へ、高校へと「命のバトン」を引き継いだことを……。
> 良い点は伸ばし、悪い点は過去を問わずにやり直し、出直す。
> それが可能な場所が学校。
> そしてここ、吹奏楽部。
> 彼らの「居場所」であってほしい。

第2章　日々の指導と練習

吹奏楽指導のスキルアップ

相談ファイル A

　私は長い間、合唱部の指導をしてきました。今年異動があり、現在は吹奏楽部の顧問をしています。顧問になって以来、どうも違和感があります。合唱では自信をもって指導して、大会でもある程度上位に入賞していたのですが、吹奏楽は扱う楽器の数が多いのに、私にはそれほどの知識もなく、すっかり気持ちが滅入っています。心の中では「同じ音楽だ」と言い聞かせていますが、なかなか馴染めません。どうしたらよいでしょうか。

（中学校・音楽科・40代・女性）

相談ファイル B

　吹奏楽の指導を始めて10年になります。私は自分も市民バンドで演奏していて吹奏楽が大好きです。しかし、実際の指導となると、なかなかうまくゆきません。近所の学校に見学に行ったり、先輩の先生に助言していただいたりして頑張っています。研修や勉強を重ねてスキルアップしたいと思いますが、地方にいるとなかなかそういう機会もありません。自分を高めるための良い方法を教えてください。

（高校・数学科・30代・男性）

相談 A について

　お気持ち、よく分かります。
　先生のような方からのお話はよく耳にいたします。吹奏楽は、扱う楽器も多い。合唱ならば四部のパートだけなのに、何段もあるスコアには慣れない。音もガチャガチャしていてうるさい。見ただけで憂鬱な気持ちになってしまう……しかし「〜だからできない」と放り投げずに、「同じ音楽なのだから」とおっしゃることができる先生は立派だと思います。
　私の知人に、リコーダーの世界で大変有名な先生がいらっしゃいます。当時50代のその方は、リコーダーの指導書や教則本まで出版なさっていました。その方とある日、吹奏楽の指導者講習会場でバッタリお会いしました。「どうなさったのです

71

か？」と伺うと、「いやー、今度の異動先で吹奏楽部の顧問になっちゃったんだよ。やったことないから、困っちゃってね。イチから勉強です。勉強」とニコニコ。以来、あちこちの講習会に受講者として参加なさっていました。私は、すばらしいなぁ……と感動しました。

　ひとつの世界で「本物」になられた方は、いつも謙虚です。本当にプライドがあるから、学べるのです。謙虚に学び、その「糸口」を見つければあとは「同じ」なのですね。その方は吹奏楽の世界でも定年までご活躍になられました。ですから先生、先生ならばきっと大丈夫。元気を出してください。具体的に考えてまいりましょう。

提案の前に　歌えなければ吹けない　〜歌うことの効用〜

　ご相談の先生が、合唱部の顧問でいらしたことから、ちょっとこの点に触れたいと思います。「歌う」ことは今ではもう「常識」になっています。しかし、このことに本気で取り組む指導者は多くないかもしれません。ここでいう「歌う」とは、「正しい発声で」「合唱部のように」歌うことに意味があります。これが楽器を演奏する場合の、正しい姿勢、呼吸法、発音につながるからです。また、正しい発声で正しい音程が取れることは、ソルフェージュの訓練になります。つまり耳を鍛えることができるのです。ぜひ、毎日の練習に「歌うこと」を取り入れてみてください。

相談Bについて

　私は、自分が合奏体の中のプレイヤーだったことがありません。歌とピアノしか知らずに教師になりました。しかし、先生のような方がこの世界に多いことは存じています。心から「吹奏楽が大好き」と言える先生はとてもすばらしく、すてきな方だと思います。しかし、自分が演奏者として参加することと、指導者として関わることはまったく違うことですよね。先生の戸惑いやじれったさをお察しいたします。スキルアップのためにご苦労されているご様子ですが、向上心がある先生は大丈夫。今は雑誌・書籍に映像、インターネットといろいろな学びの方法があると思います。ここでは、私の体験から、「講習会への参加」「他校見学」の効用について提案させていただきたいと思います。

提案の前に　吹奏楽以外の音楽に触れてみましょう

　これはご相談の先生が、吹奏楽大好きだからこそ……のお勧めです。指導者として、最も必要とされるのは「音楽性」です。オーケストラはじめ、様々なスタイルの音楽を聴くことは、必ず先生の「栄養」となって帰ってくると思います。ぜひトライしてみて下さい。

　では次に、A・Bふたつのご相談に共通するいくつかの提案です。

第2章　日々の指導と練習

提案その❶　まずは「用意された」講習会に参加してみましょう

　今は各支部や地区で、指導者講習会やリーダー講習会が盛んに行なわれています。また静岡県の浜松では、年に一度、大きなクリニックが行なわれ、全国から指導者、作曲家、関連メーカー、出版社、関係者が集まります。まずは、こういう「用意された」講習会に参加してみましょう。こういう場所に身を置くと、何よりも「悩んでいるのは、自分だけではないんだ」と安心できます。学校の中にいるとひとりぽっちで、他校の先生方はみんな頑張っているのに、自分だけできないことだらけ……と思い込んでしまいます。しかし、講習会に参加してみると、「そういう先生がいっぱい」いるのです。これだけでも参加した甲斐があるというものです。もちろん、具体的なスキルアップの術、情報交換、最新の楽譜や機材の知識も深まります。例えば、現在の浜松のクリニック（「日本吹奏楽指導者クリニック」）は、昔は「ネムバンドクリニック」ともいって、三重県で行なわれていました。私はここに10年間通い詰めました。ここで友達を作り、バンド運営や指導のヒントをもらい、元気をいただきました。

提案その❷　できあがった姿だけを見ない、聴かない

　よく、勉強のために全国大会や支部大会を聴きに行くという先生がいらっしゃいます。トップクラス団体の演奏には何かがあり、そこから受ける刺激や感動はもちろん十分に勉強になると思います。しかし、この「できあがった」姿だけを見ていては、いつまでたってもそれは「すごいなぁ」というだけの「雲の上の世界」でしかありません。自分の「明日から」に生かせる何かにつなげるために、リアリティのある学びにするために、ここは一歩前に踏み出す勇気が欲しいものです。「どんな練習をしているのだろう」「生活指導はどうしているのだろう」「運営は、システムは……」となぜ、なぜ、なぜをいっぱい持てるチームを探しましょう。私の場合は、自分たちが出場させていただくまで、全国大会は一度も聴いたことがありませんでした。その代わりに当時、本などに紹介された先生方や、連合演奏会などで「ビビビッ」ときた演奏をされた学校の先生などにまず関心を持って、その「過程」を知りたいと思いました。

提案その❸　見学の勧め　〜チャンスは自分から取りに行く〜

　知り合いや、先輩方のバンドを見学することも良いことですが、思い切って伝統ある全国トップクラスの学校に伺うことをお薦めします。そういうバンドは、都会にあるとは限りません。「地方に住んでいるから機会がない」なんておっしゃらずに、冷静に見渡してみましょう。案外、そう遠くないところに見つかったりします。興

味のある学校が見つかったら、紹介してくださる方に心当たりがなくても、「自分で」直接電話をしてアポを取り、複数校の見学にでかけましょう。なぜ複数校かというと、「金賞」「有名校」にもいろいろなタイプがあるからです。それはご自身の目と耳で確かめるべきです。

　また、複数校を見学してみると、一流といわれる指導者の「共通点」も見つけられます。方法は異なっていても、それこそが核心なのだと思います。一見、今の自分の環境とはかけ離れた存在に思えるバンドも、実際に最初の頃の苦労話を聞いてみると共感できたり、勇気が出たりすることもあります。本当に誠実な指導者ならば、本気で困って見学を希望している人に対して絶対に親切に対応してくださるはずです。私は東京に住んでいますが、自分でアポを取って他県にどんどんでかけて行きました。中学だけでなく、高校や小学校にも見学に伺いました。名もなき学校の一教員の身。断られたらご縁がなかったということだと割り切っていました。

★見学のポイント1　行くからには、朝から晩までつきっきりで

　もちろん放課後の練習や、休日の練習だけを見せていただくことも勉強になります。しかしお薦めは「丸ごと1日全部の見学」です。まず、前日の放課後練習を見学。その晩にもし先方の先生のご都合がよければ、食事をご一緒させていただきながら悩みを相談。翌日は早朝から朝練の見学。ついでに授業も見学。昼練習の見学。先生に空き時間があれば、また悩み相談や質問。そして放課後練習。みっちりおまけがくるほど見学しましょう。

　私は「午後からしか練習しません」と言われていたのに、午前中から学校に伺って合唱部の練習まで見学させていただいたり、前夜に現地入りし、早朝6時から夜の8時まで見学し、最終の新幹線で帰ったりしたこともあります（なんて図々しい……結構体力も必要です）。

★見学のポイント2　全部、丸ごと「いただきますっ」

　これは地区などの集団で、見学会や研修会としてバンドを訪問するときにもお薦めの見学方法です。「掲示物」「生徒の言葉遣い」「先生と生徒との信頼関係」「移動や準備の手際」「時間の使い方」「返事」「あいさつ」「歩くスピード」「室内のレイアウト」「清掃状況」「楽器庫や準備室の様子」「生徒どうしの会話」「生徒へのインタビュー」等々……せっかく行くのですからここはひとつ図々しく、何でも「いただきましょう」。「一流」には、その周辺に、まねしたい「宝物」がたくさんあるはずです。実際、私もずいぶん「いただきました」。

★見学のポイント3　学ぶポイントを整理する

　「技術力」と「心」の両面で整理して見学のまとめをしてみましょう。考え方に共感できること、できないことを、思いつくまま、文字にしてみると自分の中で整理できます。その中から子どもたちに実践できるものがあればしてみましょう。

提案その❹ 最後に……

★時間は自分で作るもの　～自分へのご褒美のつもりで～

　見学させていただくと、「スーパーマン」としか思えないような仕事ぶりの先生に出会います。「私には、無理……絶対にムリッ!」と感じるかもしれません。スーパーマンと同じことは、できなくても良いのです。その代わり、<u>校務や多忙や、遠方を理由にせずに、「自分が学ぶ時間」は自分でひねり出してでも作りましょう</u>……ということです。バンド指導も教育の現場で行なわれる限り、それは教育的活動です。忙しい→分からない→外部指導者に丸投げ……の構図は作ってはいけないことだと思うのです。先生方の「学び方」は必ず、ご自身の「生き方」をも変容させると思います。

　現場での困難や、先生方のしんどさは充分に分かります。だからこそ、1年に一度か二度……ときには思い切って部活動を休みにし、授業や学級、家庭から離れて、有休を取ってでも時間を作ってみてはいかがでしょうか。こんな形の「自分へのご褒美」もありだと私は思います。

★見たことから何を学ぶのか　～形なのか、心なのか～

　これはとても大切なことです。経験の浅い先生ならば、まずは「形」からまねしてみてください。しかし、少し経験のある先生ならば、そこには必ず「それをすると、子どもの心の成長にどんな良いことがあるのか」をお考えになるでしょう。<u>「心まで」学べる人が見つかったら……どんなに遠くても、たとえ数年に一度でもお訪ねして、とことんお付き合いさせていただきましょう。</u>

　先生方と子どもたちが、変容しながら、良い音楽を奏でられますよう、応援しています。

　頑張ってください‼（でも、頑張りすぎないでくださいね）

顧問のひとりごと

どれだけのバンドを訪問し、見学させていただいたことだろう
どれだけの先生方に、お世話になってきたことだろう
嬉し涙、悔し涙、いろんな涙もいっぱい流したっけ
その「涙」のひと粒ひと粒が、明日への「力」となったんだなぁ
そして、子どもたちへと、返せてきたように思う
人はみんな、おたがいさま、おかげさま……
そんな、当たり前のことが……
やっとこの頃……しみじみ分かってきた

指揮法の上達／指揮の表現について

相談ファイル A

新卒3年目、吹奏楽指導は2年目の音楽科教師です。大学ではピアノ科だったので、吹奏楽の指導は初めてで、迷いながらも頑張っています。今、一番の悩みは、指揮です。大学では一応指揮法の勉強もしましたが、実際に指揮台に立つとなかなかうまくゆきません。コンクールでも、審査員から講評で指摘されて悩んでいます。どんな勉強法がありますか。また、指揮をする上で大切なことも教えてください。　　　　（中学校・音楽科・20代・女性）

相談ファイル B

教師としても、吹奏楽部顧問としても、中堅と呼ばれる年代になりました。吹奏楽では、いろいろな講習会に参加したり、先輩からの助言を受けたりしながら、現在では地域のまとめ役にもなっています。しかし最近では日々の仕事や事務作業に追われ、自分の音楽に対する姿勢や指揮法に疑問や反省も残ります。一番気になる指揮法は、講習会、ビデオ、教本などで勉強しましたが、いまひとつしっくりきません。年齢的なことや立場的なこともあり、周囲からの指摘もされないことが不安です。こんな私に何か良いご助言をください。　　　　（高校・数学科・40代・男性）

　若い先生方の中には、大学で「指揮法」の講義があっても、そこで学んだことをなかなかうまく実践できないとおっしゃる方も多いと思います。ましてコンクールの審査講評で指摘されては、不安になってしまいますよね。指揮科の卒業生でもない限り、誰だって最初からうまく振れる人なんていないと思います。しかし、先生のように向上心があれば大丈夫です。
　中堅の先生方は、ご自分の学校内でも責任のある仕事を任され、さらには吹奏楽関係でも地区や連盟の仕事を任されていらっしゃる方も多いと思います。そんなベテランの先生が、もう一度ご自身を振り返って勉強しなければと思っていらっしゃる……なんて立派なことでしょう。そういう謙虚でご自身に厳しい先生だからこそ、

仕事も生徒もついてくるのですね、きっと。頭が下がります。

提案の前に

★プロの指揮者の言葉

　小澤征爾さんは、一度勉強した曲を五線紙に書き写し、そこから作曲者の意思を追求し、楽曲の理解を深めるそうです。「勉強してきていない指揮者ほど、使えないものはありません」とおっしゃっています。小林研一郎さんは、「プロとアマチュアの違いは、アインザッツの0.2秒にある」とおっしゃったそうです。ウィーン国立音楽大学で教鞭を取られ、多くの世界的な指揮者を世に出している湯浅勇治さんは、指揮者の資質を、①優れた演奏家であること　②何事にも興味を持つこと　③音楽の基礎技法が完璧に備わっていること　④人に好かれ、物怖じせず、統率力があること　⑤音楽的に運動神経が良いこと　⑥最低４～５カ国語にたけていること。⑦勤勉でまじめなこと……と定義しているそうです。その上で、「1拍目さえ常にきちんと出ていれば、あとはどう振ってもいいんだよ」ともおっしゃっています。

　私たちは指揮を仕事にしているプロではありません。スクールバンドの指揮をする教師です。当然、そこに違いはあります。しかし、プロの仕事から「学べる」こともたくさんあると思います。

★良いスクールバンド指導者の条件

①良き教師であること

　私たちは、まず「教師」として日々最善を尽くします。教科指導、学級経営、生活指導、進路指導を通じて自分を磨き、子どもたちに愛情と厳しさ、優しさが持てる教師であることをいいます。

②良きトレーナーであること

　楽器について、基礎的な奏法について最低の知識を持ち、バンドのサウンドトレーニングが的確にできる「トレーナー」として技術を学び、積み重ねる努力ができることをいいます。

③良き指揮者であること

　楽曲を理解し、的確な棒が振れ、子どもたちに合った方法でそれを伝え、指揮者としての勉強をし続けることをいいます。

　以上のことは、私が駆け出しの頃、先輩の先生から言われた言葉です。どれかひとつではなく、3つの条件を総合的に満たさなければならないというわけです。

　一見厳しい印象がありますが、落ち着いて考えれば「当たり前」のことであると気がつきます。私たちは、演奏家を相手にしているのではなく、教育の現場で子どもたちを相手にしているからです。だからといって、全部を完璧にできる人はなかなかいないと思います。つまりこの仕事を続けている限りの、自分への一生の課題だと思って努力しなければならないことなのだと思います。ここでは、③にあたる

指揮の勉強について、考えたいと思います。

提案その❶ 急がば回れ・地道な勉強に勝るものなし

　指揮なんて、指揮棒を持ってテンポと拍子を出せば音は出てきます。だから、何となく曖昧になっている部分ってありませんか？

★一般的な指揮者としての勉強手順
　指揮棒を持って練習場に向かう前に、実はするべきことがたくさんあります。
①作曲家と作品について調べる……自分が取り上げる楽曲について、作品の背景や、作曲者について、本を読んだり、辞典やネットで調べたりします。
②楽譜を調べる……その楽譜が作曲者の自筆なのか、複数の出版社から出ているものなのか、編曲ものならばどれが良いのか、いろいろと聴いたり調べたりします。実際に手にとって見ることはなかなか難しいのですが、スコアだけ知り合いに見せてもらったり、ネット上でレンタル譜のスコアだけ見たりすることも可能です。編曲を依頼する場合は、完成後、オリジナルと照らし合わせて編曲者とやりとりすることもあります。※実際にはこの作業のあとで子どもたちに楽譜を配ります。子どもたちはそれぞれの練習に入りますが、パート譜とスコアの記載に違いがあることもあります。それらは、スコアを基準に修正します。
③スコア・リーディング……まずはピアノで弾いてみて、実際に鳴る音を調べます。次に和音を調べて、ハーモニーや転調の確認をします。曲の構成もここで調べます。テンポの確認や、変拍子など拍子の確認もします。
④スコアへの書き込み……自分で調べたことを、自分なりの方法で、分かりやすく見やすくマーカーや赤鉛筆・黒鉛筆を使って書き込みます。
⑤音源を聴き比べる……どの音源が自分のイメージに近いのか、また、お手本にしたいのか、聴き比べます。編曲ものの場合はオリジナルを聴き比べます。DVDを見て、他の指揮者がどう振っているのか、表現しているのかも参考にします。
⑥指揮の練習……鏡に自分を映し、棒を持つのか、持たないのかも考えながら、自分で練習をします。声に出して歌いながらでもいいし、頭の中に演奏を鳴らしながらでもいいですから、スコアにある様々な記号をどう振り分けてゆくのかを何度も試します（どんどんやるうちに暗譜ができます）。ここで分からないことは、あとで信頼できる誰かに遠慮なく聞きます（自分で抱え込まないで、人に聞ける勇気も大切なことです）。

　ひゃ〜っ‼　こんなにやることがあるの⁉　と思うかもしれません。しかし、落ち着いて考えれば、これも「当たり前」のことで、実際に先生方がなさっていることも多く含まれていると思います。「急がば回れ」の言葉通り、ここまでやれば、「どう振りたいか」は必然として表れてきます。ただ図形を描く、拍子やテンポを表すだけの指揮は、自分の中で違和感が出てきて、自然と消えると思います（うそじゃ

ありません)。

提案その❷ 勇気を持って、経験を重ねる

　そうはいっても難しい……。○○指揮法などの本も読んだ。ハウツーＤＶＤも見ている。指導者講習会の指揮法にも行ってみた。それでも自分の指揮はいまいちだ……と。確かに、車の運転でも、料理でも、本を読んだからといって、人がやっているのを見たからといって、できるものではありません。指揮も同じです。「自分が実際に経験を重ねる」しかないのだと思います。たくさん経験して、失敗を重ねて、修正して、改善してゆくことが一番だと思います。例えば「左手」。「私、使えないんです」で終わってしまっていませんか？　使えなくても動かしてみることです。そこから何かが変わってきます。

提案その❸ まねして盗む　～指揮法を学ぶ方法～

●プロから学ぶ……指揮法とは、ただ単に棒を振るための技術のことではありません。音楽を表現するための技術ですから、クラシックの世界のプロに学ぶことができれば、一番よいと思います。ただ残念ながら、今の日本にはプロによる「指揮法」の講座があまりにも少ないのが現状です。たまにあっても、聴講生としては受け入れますが、レッスンを受けるには年齢制限がついていたり、指揮者を目指す人でないといけなかったりなど、条件がついている場合が圧倒的に多いのです。しかしよく調べると、全国の音楽大学には生涯学習の場として、平日の夜や休日の短時間に3か月くらいの短期間で、定期的にプロがレッスンをしてくれる教育プログラムもあります。また夏休みなどの期間に、特別講座が開かれるときもあります。今はネット上でいろいろと調べられます。お試しください。

●「この人だっ」と思った人に学ぶ……吹奏楽の世界にも、すばらしい表現と指揮をなさる人がいます。その人が同じ教師であれば、なお良いと思います。そういう人を見つけたら、その人と連絡をとって密着取材のように学ぶこともできます。合奏練習を見せていただき、リハーサルを見学させていただいたりするうちに、音楽の考え方も学べます。時間の合間を見つけて、自分が実際にレッスンしていただくこともできると思います。また、自分の指揮に様々な「指摘」をしてくださる人も大切にしましょう。

●思い切って海外に「飛ぶ」……私も、過去に4回「飛び」ました。現役の教師をなさっている方でも数年に1回程度、海外でレッスンを受けている人がいます。ヨーロッパやアメリカでは、指揮のレッスンに年齢制限はめったにありません。誰でも受けられ、広い

ブカレストマスターコースで、著者が指揮のレッスンを受けているところ

視点で音楽を見つめ直すことができます。より深く突き詰めたい方にはお薦めです。
●「お気に入り」を見つける……日本人に限らずに、世界の指揮者で、「お気に入り」を見つけることも良い方法だと思います。その指揮者から紡ぎ出される音楽が気に入るという意味です。すると自然と棒もまねしたくなります。

　プロの指揮者の世界では、成功している人でも40代・50代は若手といわれます。60代・70代で円熟期、マエストロと呼ばれます。80代・90代の超マエストロもいます。それは、その人の人生や生き様が音楽に年輪として加わり、輝きを増すからです。
　私たちも、人として、教師として年輪を刻みながら、それが音楽に、指揮に反映されるような……そんな生き方をしたいものです。一緒に頑張ってまいりましょう。

顧問の ひとりごと

夜中に鏡に向かう……
スコアとにらめっこ……
疲れてしんどい。眠りたい。
「最善以上は尽くせない」
自分が子どもたちにいつも言っている、この言葉。
子どもたちも、きっと努力している。
だったら、自分はどうなのか？
そう言い聞かせて、もうちょっと頑張る。
学生時代、「指揮者」になりたかった。
今、指揮者もできる「先生」になれてよかった。
それもこれも……
たくさんの人からいただいた「おかげさま」。

リハーサル・テクニックのチェックポイント

1　音が合っているかどうか。
2　個々の楽器が良い音色で表現されているかどうか。
3　ダイナミックレベルをよく表現しているかどうか。
4　音量の正しい度合いを表現しているかどうか。
5　注意深いバランスで、アンサンブルされているかどうか。
6　バランスの良い和音が鳴り響いているかどうか。
7　メロディーの個々の音が注意深いバランスで演奏されているかどうか。
8　アタックと奏法が、それぞれの音楽のスタイルにあてはまっているかどうか。
9　音の長さは正確であるかどうか。
10　発音は明瞭であるかどうか。
11　フレージングは明確であるかどうか。
12　音程は正確であるかどうか。
13　テンポや拍子は正確かどうか。
14　音楽的なバランスは正確かどうか。
15　フェルマータや休符は正確に表現されているかどうか。
16　アンサンブルの音色は暗すぎないか、反対に明るすぎないかどうか。
17　たくさんの言葉で（いろいろなたとえや、言い方）、的確に指示が出せるかどうか。
18　声に出して歌って見せることができるかどうか。
19　合奏を楽しんでいるかどうか。
20　表現しようとしていることが、楽曲の持つ様式や作曲者の意図と適合しているかどうか。
21　総合的に見て音楽的感動をもっているかどうか。

講習会の受講

相談ファイル A

私の地区では毎年、6月と2月に各パートのプロの演奏家に来ていただき、それぞれ「初心者講習会」「パートリーダー講習会」を実施しています。私はその担当者として、ここ数年関わっています。しかし、それぞれの顧問の先生方の意識がまちまちで、目的である子どもたちの技術の向上に結びついていないという率直な思いがあります。マンネリ化して行き詰まっているようにも感じています。何か、良い打開策はないでしょうか？

（中学校・国語科・40代・男性）

相談ファイル B

この4月に異動しました。異動先の今のバンドでは、各パートにコーチをお願いしているとのことです。謝礼は、役所の援助と部費から出しています。私はこれまでそういう経験がないので、コーチの先生方とどう向き合ったらよいのか分かりません。効果的なレッスンを受けるために、注意することがありましたら教えてください。

（中学校・音楽科・20代・女性）

　私たちは、吹奏楽指導のプロでもなければ、それぞれの楽器の演奏家でもありません。教科もバラバラです。子どもたちの技術の向上のために、プロのお力を借りることができれば、それはありがたいことです。上手にその機会を利用して、「自分も学べる」一石二鳥のレッスンのあり方を考えてまいりましょう。

提案その❶ 「丸投げ」は、やめましょう

　プロの先生に「教えていただければ」子どもは上達する…とばかりに安心してしまい、「お願いします」と、レッスン場に子どもたちを入れてそれでおしまいという「丸投げ」では、効果はあまり期待できません。またマンネリ化も、事務局任せではなく、顧問の先生方が「積極的に関わる」ことで意識が変わり、改善されると思います。

第 2 章　日々の指導と練習

★レッスンには、必ず顧問も同席しましょう

　地区の講習会であれば、各パート一斉に同じ時間帯にレッスンが行なわれます。ひとりで全部の時間を、全パート同席することは不可能です。地区の顧問で手分けをしてひとつのパートあたり10分でも15分でもじっと見学し、グルグルとそれぞれに回ります。すると、どの時間にも、全パートの部屋に誰かがついていることになります。こうすることで、講師の先生にも、子どもにも良い緊張感が生まれます。また、講師の先生の「教え方」から顧問も学ぶことができます。反対に、こういう教え方では困る、ということも見えてきます。子どもたちの態度からは、普段の部活動の指導で不足している面も客観的に見えてきます。「同席・見学」には、たくさんの良いことがあります。大切なことは「顧問全員で受講生を見守る」姿勢です。

★自分の学校でのグループレッスンでは、さらに「通訳」の役割もしましょう

　学校に講師を招いてのレッスンは、顧問が同席できる日や時間帯にしていただけるようにしましょう。講師の先生は、子どもたちとの人間関係がありません。生徒各自のことを一番よく分かっている先生が同席し、適切な「間（あい）の手」を入れることで、レッスンの流れが良くなり、質を高めることができます。
　例えば
●どうみても理解している様子もないのに「はい」と返事をしているなと思うとき……「先生、この子は分かっていません。もう一度お願いします」と横から口を出す。
●呼吸やブレスの話をしているとき……「すみません、先生のお腹を触らせてやってください」と、実際に子どもの手を先生のお腹に持ってゆく。
●難しいと思われる言葉で説明したり、教えていないことをすでに理解していることのように話が進んでしまいそうなとき……「それはまだ教えていないことです。すみません、分かりやすく説明してください」とお願いする。
●先生がお手本を示しているのに、生徒がメモばかりとっているとき……「ほら、ちゃんと先生の口元やお腹を見て。先生の息づかい、音を聴きなさい」とうながす。その逆の場合は「しっかり大事なことは書き取りなさい」とうながす、などなど……顧問が講師の先生と生徒の間に入り「通訳」することで、達成感のあるレッスンにすることができます。

　講師の先生も、顧問がいることで生徒に直接できない質問をその場でできますから、レッスンに無駄がなくなります。緊張するのは子どもであって、顧問の先生が講師の先生に対して緊張したり遠慮したりする必要はないのです（ただし、口を出し過ぎると、逆にレッスンが進まなくなるので注意してください）。

提案その❷　事前指導を徹底させましょう

　受講する子どもたちにとって「動機づけ」は大切です。「講習会があるから行きな

さい」だけでは、子どもたちは何のことやら全然理解できず、低いモチベーションで参加することになってしまいます。これは自分の学校でのレッスンでも同じです。
●プロの演奏家に直接教えていただく貴重なチャンスであることを、少々おおげさにでも喜びを持って伝える。
●具体的に何を目標に、どんなことを習いたいのか書き出させる。
●「これだけはものにしてくる」めあてを顧問から指示しておく（絶対にする「質問」をひとつ以上用意させる）。
●あいさつ、返事、言葉遣い、マナーなどのしつけをしっかりとしておく
……など、子どもたちを「ワクワク・ドキドキ」するような気持ちにさせると効果的です。すべては顧問の「言葉かけ」次第だと思います。

なお参加生徒は、講習会でも学校レッスンでも、図1のようなネームプレートを画用紙に作成し、譜面台の前に大きく付けましょう。講師の先生が「名前」で呼んでくださると子どもたちは嬉しくなりますし、緊張感も増します。

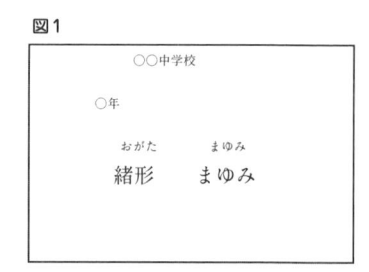

図1

○○中学校
○年
おがた　まゆみ
緒形　まゆみ

提案その❸　上級生を同席させましょう

「初心者講習会」の場合は、パートリーダーを引率役として、一緒に各パートの部屋に入れましょう。そこでのレッスンから、パートリーダーも「教え方」を学べます。また、何を習ってきたのかが分かるので、すぐ次の日からの練習に生かせます。他校に比べて、自分の学校の1年生の返事やあいさつ、態度が消極的ならば、それは上級生の責任です。良ければ上級生がすばらしいのです。そういうことを言い聞かせて同席させると、彼らの意識も高まります。事後に励ましたり褒めたりしてあげましょう。「パートリーダー講習会」の場合は、リーダー以外の上級生にも見学させましょう。翌日からの練習の効率が上がります。

提案その❹　講師の先生にどんどん注文をつけましょう

講習会やレッスンでの「主役は子ども」です。子どもたちが「得をするために」講師の先生方にはただ「よろしく」とお願いするのではなく、具体的な「注文」を添えましょう。

★講習会の前に、「講師の先生方へのお願い」というプリントをお配りします
　そこには、地区のバンド全体の状況、経済的な事情、子どもたちの数、練習環境などの具体的な「情報」を入れます。講師の先生方はいろいろな地区を回っていま

図2

> ### 講習中のお願い
>
> ① 全員が5月に入部した、まったくの初心者です。
> ② 先生の良い音をたくさん聴かせてやってください（その楽器が、本当はどんなステキな音のする楽器なのかを体験させてください）。
> ③ 楽器の部分の名称、正しい組み立て方、正しい手入れの仕方、しまいかた、手入用品についての知識など、基本以前のことからご指導ください。
> ④ 正しい構え方、音の出し方、姿勢、呼吸についてご指導ください。
> ⑤ 必ず、ひとりひとりについて（一斉指導だけでなく）ご指導ください。
> ⑥ 中学1年生は12歳です。人の話を聞く集中力は持続しません。お話中心ではなく、実地中心でご指導ください。
> ⑦ お金のかかること……マウスピース、リード、手入れ用品、メソッド等の購入について。もしも必要があればその場では言わずに、その学校の顧問に直接お知らせください。
> ⑧ 参加校はどの学校も少ない予算で頑張っています。プロの先生がご覧になって相当厳しい状態の楽器を無理に使用していることもあります。そんなときに、子どもたちの前でそれらの楽器に対して「使い物にならない」などのご発言は、教育的配慮のもと、避けてください。
> ⑨ レッスン中はリペアコーナーを設けています。簡単な修理は、レッスン中に生徒に指示してリペアに行かせていただいてかまいません。
> ⑩ あいさつ、言葉遣い、礼儀、態度などが良くない生徒には遠慮なくご注意ください。
>   また、その場合は学校名を控えて、あとで顧問に直接お知らせください

すから、これは重要な情報となります。この日の「目標」や何をしてほしいのかなどを、具体的に示します。また<u>講師の先生方は、演奏家としてはプロであっても、教育者ではありません</u>。教育の現場から必要なお願いは遠慮せずに明記します。

「初心者講習会」講師向けプリント内容の一例を図2に紹介しておきます。ここにも入れました通り、地区の事情と生活指導の実体に合わせて作成なさるとよいと思います。

★ミニコンサートを開いていただいちゃいましょう

少々図々しいですが、せっかくいろいろなパートの先生がいらっしゃるのですから、簡単なアンサンブルなど、昼休みの最後の10分間くらい、受講者全員を集めて「ミニコンサート」を披露していただくと子どもたちは大喜びです。

★講習後は、「講評用紙」にご記入いただきます

図3にあるような「講評用紙」を事前にお渡ししておき、講習会終了後に学校別に記入していただきます。「生徒向け」「顧問向け」に記入していただくことで、顧問は今後の指導や運営に生かせます。そこで分からないことは、その場で講師の先生に質問もできます。講師の先生にしてみれば、これを書かなくてはならないので、生徒の名前を確認したり、ひとりひとりの音をしっかりと聴いて指導しようとしたりしてくださいます。

学校レッスンの場合はレッスン後、より具体的な今日のレッスンの「振り返り」をします。そうしながら互いの信頼関係も築いてゆきます。

図3

```
○○地区、○○講習会

        講師講評用紙

学校名              中学校

パート名      講師氏名

受講生徒向け講評（受講後、生徒が励みになることばをお願いします）




顧問向け講評（費用の発生するもの、しつけ、態度、修理などもこちらへ）



```

講師の先生にそこまで要求しては失礼では……という思いもあるかもしれませんが、「一流の」先生になればなるほど、現場を尊重し、要求が高ければ高いほどハイレベルなレッスンをしてくださいます。本当です（もちろん感謝の気持ちを持ってです）。

提案その❺ 事後指導も徹底させましょう

子どもたちには、最初の練習日に例えば「レッスンノート」を提出させます。そこには、レッスンの内容を詳細に記入し（楽譜なども書かせて）、良かった点、改善点など「反省」も記入します。顧問の先生は、手間はかかりますが、1行でも2行でも返事を書き添えて返却してあげてください。きっと子どもたちの「宝物」になるはずです。

地区の講習会は、毎年の異動もある中でそれぞれの先生方の意識に差が生じることが、事実としてあると思います。担当の先生はご苦労も多いと思いますが、「地区の子どもをみんなで育てる」講習会になるよう工夫し、呼びかけてみてください。自校でレッスンコーチをお招きする場合も、先生が学べる良いチャンスととらえ、遠慮なさらずに積極的に信頼関係を築いてください。子どもたちが、瞳をキラキラさせて「新しい何か」を学べるよう、お祈りしています。

第 2 章　日々の指導と練習

外部指導者への依頼

相談ファイル A

　顧問になった7年前から、パートごとにトレーナーの先生にみてもらいたいと思いつつ、ほとんど実現していません。実現していない裏には、「学校全体で外部の指導者は原則呼べないことになっている」、「トレーナーの先生を呼ぶと御礼のお金がかかるが、部費を集めていないため財源がない」というふたつの事情がありました。しかしやはり、すべてのパートを月に1回ずつくらい見てほしいと願っています。そこで、「実際にトレーナーの先生をお呼びしたときに気をつけた方がよいこと」について教えていただけると助かります。なお、お金の面については、現在では部費と学校からの援助があり、何とかなります。　　　　　　　　　　　（私立高校・英語科・30代・男性）

相談ファイル B

　私は、吹奏楽部の顧問ではありません。教諭ではなく、外部の人間として、部活動に参加させていただいています。先生方の忙しさや大変な状況を少しでも支え、生徒に対しては、音楽を長く続けてくれる人に育ってほしい、人として成長しどんなときにもあきらめず前を向いて歩いてくれる人になってほしいと願い、お手伝いをしております。実際に手伝いを始めてみると、生徒指導の難しさを感じています。昨今では、ゆき過ぎた横暴な外部指導者の話も聞きます。私としては、顧問の先生方と話し合い、そして協力して生徒と向き合ってゆければよいと思っているのですが、それを負担と感じる先生もいらっしゃるようです。外部指導者のあるべき形（理想的な立ち位置）とはどういったものなのでしょうか？　そして外部指導者は、吹奏楽の底辺を押し上げるのに、何か役に立つのでしょうか？　（外部講師・30代・男性）

　大変率直で、誠実なご相談をありがとうございます。外部指導の方へのニーズは、吹奏楽の世界だけではなく、合唱や管弦楽、その他の文化系・体育会系の部活動においても高まっているように思います。このことについて、大学や、職場、一般の市民団体などであれば、それは自由な考えと立場でよいと思います。しかし、小・中・高等学校の部活動となれば、そこには必ず「教育的な意義」と、子どもたちの「心の成長」が伴わなければなりません。ここではこのスクールバンドの現場から、考

えてみたいと思います。

　ひとくちに「外部指導者」といっても、その形態、関わり方、費用は実に様々で複雑です。私にもその実態は、正直なところよく分かりません。そもそも「外部指導者」という職業が確立しているわけでも、資格があるわけでもなく、各学校によって「コーチ」、「外部指導員」、「スクールサポーター」、「外部講師」、「地域人材活用」など呼び方もいろいろです。

　顧問の先生方から、ときどき耳にする、外部指導者についての話です。
●複数校をかけもちしていて、どこも技術面、音楽面での成果が上がらない。とりあえず、という感じ。子どもと「友達」になってしまい、生活指導がやりにくい。
●選曲から、練習計画、指導方針まで、すべて決めてゆく。外部指導者が「指揮者」として、金賞獲得を「目的」に、各パートのコーチも自分のスタッフとして入れる。顧問は単なる「管理顧問」で発言権がまったくなく、やりがいを失っている。
●地域の市民バンドや、学生バンドの人たちが、ボランティアで来てくれる。しかし、実際はどんなレッスンをしているのか、よく分からない。
●「みんな」外部指導者を入れているらしい。うちも「入れなくっちゃ」遅れてしまう。
●「先生じゃ良い賞が取れないから、外部の先生に来てもらいたい」と、保護者に言われている。
●異動したら、そこに以前からの外部指導者がいたが、「自分は顧問としてひとりで部活動としての指導がしたい」と言っても、校長も、保護者も、外部指導者も、生徒も納得しない。
……何だか、首をかしげてしまいそうな話ばかりです。

　しかし、現実には、この項の相談者のように誠実で、子どもや先生のことを一番に考え、悩んでおられる外部指導者の方もいらっしゃるのです（全国の外部指導者の方が、この方のようなお気持ちで先生方を支えてくださったら、どんなにすばらしいことでしょう）。

相談Aについて

提案その❶　「丸投げ」は避けましょう

　好きでも、得意でもない部活の顧問になってしまったら、それが吹奏楽部でなくても、気持ちは入らないものです。しかし、だからといって「分からないからお任せします」というような丸投げを外部の方にすることは避けたいものです。それでは「投げられた」外部の方も困ってしまいます。

提案その❷　なぜ外部の方に手伝っていただくのか？
　　　　　　その理由を明確にしてみましょう

　「他校がお願いしているから」ということではなく、自分は「なぜ」外部の方が必

第 2 章　日々の指導と練習

要なのか……を落ち着いて考えてみましょう。また、どこにどのような形でのサポートが欲しいのかも、具体的に考えてみましょう。例えば、「一度は各パートに指導に来ていただき、身近なところで子どもたちに良い音を聴かせ、奏法が正しいかどうかチェックしてほしい」、「基礎合奏やチューニングなど、基本的な指導法を自分のバンドで指導してもらい、子どもたちの変容を目にしたい」、「いつも同じことを注意しても、マンネリになってしまうので、たまには別の人から同じ注意をされることでチームを刺激したい」など、具体的に考えてみましょう。

　さらに、外部指導者に手伝っていただくのならば、そのぶん自分も外部の方から「学ぶ」姿勢が持てたらすてきですね。つまり「いつかは自分ひとりで指導できるようになるために」今は手伝っていただく……という考え方です。そうなれば、(忙しいとは思いますが) パートのレッスンでも、全体のレッスンでも、できる限り同席し、見学して、たくさんの知恵や知識を吸収し、自分の力にすることができます。

提案その❸　外部の方には具体的な項目で、お願いをしましょう

　もし、外部指導者をお願いした場合、ただ「よろしくお願いします」では、なかなかこちらの意図が伝わりません。「○○パートは、この曲のこのパッセージを、どう練習したらできるようになるのか分からず悩んでいます」、「○○パートの音色が、最近とても硬くてうるさいのです。原因がよく分かりません」、「合奏中、ここがどうしてもうまくまとまりません。どう練習させたらよいのでしょう」、「セッティングについて気がついたことを教えてください」など……具体的なリクエストを提示できると効率的で、外部の方も目標を見据えて成果を出そうとしてくださると思います。

提案その❹　レッスンには同席して、「通訳」をしましょう

　レッスンへの同席は、先ほど述べた「自分のため」ばかりではありません。例えばパートのレッスンの場合、子どもたちは、外部の方の指示や助言に必ず「はい」と言います。そんなとき、毎日一緒にいる顧問の先生ならば、分かっていないのに返事だけしている子にも気がつくはずです。「メモを取りなさい」、「分からないことは、分からないと言いなさい」、「先生、この子のここを見てやってください」、「先生のおっしゃる意味は、こうなのよ」など、普段の子どもたちを熟知している顧問の先生にしかできない「通訳」をしてあげると、ものすごく集中して効率の良いレッスンが実現します(私はしつこいので、けむたがられていましたが)。外部の方もきっと指導しやすいと思います。忙しくて時間もなかなかないと思いますが、休日などで、もし実現できればお勧めです。

提案その❺　教師として自信を持ちましょう

　吹奏楽の指導に自信がなくても、教師としての自信や自覚を一緒に失ってはいけないと思います。大切なことは「吹奏楽を使って」教師として、子どもたちの「心を育てる」ことにあるはずです。ここの部分は教育のプロである顧問の領域だと思います。残念ながら部活動は、教育課程外であり、人事考課の対象にもなりません。ボランティア、持ち出し、顧問の先生方の献身的な奉仕の上に成り立っているのが現実です。しかし、目の前に子どもたちがいて、部活動があって、顧問として引き受けたなら、そこの部分は誰にも委ねないで頑張っていただきたいと思うのです。
　外部指導者に、それから先もご指導いただくかどうかは、先生ご自身が、そのスキルと人間性を見極めて決定なさるとよいと思います。良い方に出会い、先生と生徒さんのさらなる向上に結びつきますようにお祈りしています。

相談 B について

　先ほども書きましたが、いろいろなお立場の方がいらっしゃると思います。ですからひとくくりにはできないことも承知しています。ただ、誤解を恐れずに言うのであれば、「現場は先生と子どもたちの世界である」ということです。外部指導者の方には、「その世界を守りながら支援」していただきたいと思うのです。

提案その❶　部活動は学校生活の一部分でしかないことを理解しましょう

　外部の方は、休日であれ、平日の放課後であれ、「部分」を見ているにすぎません。子どもたちは、朝から登校し、授業があり、試験があり、追試があり、成績がつき、行事があり、委員会や係活動があり、部活動以外の交友関係があり、そして部活動へたどり着きます。先生も、校務があり、分掌があり、授業があり、生活指導があり、クラス指導があり、学年の取り組みがあり、給食指導があり、会議があり、研修があり、進路指導があり、道徳や総合学習の取り組みがあり、行事の準備があり、職場での複雑な人間関係があり、書類の山に埋もれ、保護者との対応があり、そして部活動へたどり着きます。
　部活動は「教育」という現場の延長線上にあります。そういう、「学校」という「仕組み」を想像した上で、接していただきたいと思います。そうすることで、「自分の役割」が見えてくると思います。

提案その❷　顧問の先生とよく話し合いましょう

　バンドの実態、状況、困っていること、援助してほしい事柄などを具体的に話し

合い、どんな支援ができるのかを確認しましょう。顧問の先生から出てこない場合は、こちらから積極的に提案したり、話を引き出したりして、顧問の先生にイメージを持っていただく方法もあります。レッスンのあとの子どもたちの様子も教えていただきましょう。

提案その❸　問題点は必ず顧問を通して解決しましょう

　子どもたちの心を大切にする熱心な外部指導者の方ほど、例えば、子どもたちの生活指導や問題行動、対人トラブルにまで直接介入してしまいがちです。そういう場合はまず顧問に知らせ、先生を介して解決するようにしましょう。また、お金のかかることや、楽器の状態、修理、楽譜の手配、選曲、運営上の問題、保護者との問題なども、直接子どもたちの耳に入れるのではなく、顧問に伝えるようにしましょう。その上で、あらためて顧問の先生から「手伝って」と言われたら支援する形がよいと思います。

　外部指導者のお仕事は、大変な気配りと、想像力と忍耐が必要とされます（私も経験しています）。また、確かなスキルと、高いモチベーションが要求される大変なお仕事だと思います。しかし、節度を持って努力なさる姿は、必ず先生方や子どもたちの心に届くと思います。一緒に頑張りましょう。

提案その❹　気持ちの持ち方、やり方しだいで、互いに良い関係に

　お互いの立場と持ち場をわきまえて、信頼関係を築ければ、顧問と外部指導者は良い関係になれると思います。大切なことは「主役は子どもたち」ということです。コンクールで良い結果を出すことだけを考えず、様々な音楽経験や人間関係を通して、部活動だから学べる「人としての成長」を見守り育んでゆく……そんな共同作業になれば、こんなに良いことはないと思います。顧問も、外部指導者も、結局は「大人」です。ひとりの大人として愛情を持って、子どもたちを育ててゆけたらすばらしいと思います。

外部指導者を上手に入れる

コラム 「小編成バンドのチーム作り」

★1・3年生が部活にいるうちにしておきたいこと

①9月に入ったら、「この数か月(数週間)が、全員一緒に演奏活動ができる最後の日々である」ことを全員に伝え、また、役員、係の引き継ぎ日を何月何日と明確に設定し、伝えておく

　そうすることで、3年生たちは"より自立心を持って後輩たちに何かを示そう"という気持ちになり、後輩たちは"今のうちに先輩たちの練習ぶりや仕事の内容を覚えておこう"という意識が高まります。具体的な項目を紙に書いて張り出すのもよいと思います。

　また指導者側にも、意識の高まりを支援する言葉がけが必要です。「さすが3年生だね、よろしく頼むね」、「ほーら、ああいう3年生の姿をよく見ておくんだよ」、「もしも、自分がやるとしたらどうなるか考えてみよう」、「3年生がいないと不安だよ、しっかり引き継ぎを態度で示してやってね」等々……、日頃から頼りがいのある部員は別として、そうでない多数の部員には、こういう「よいしょ」が劇的効果をあげるものです。

　また、ひとつひとつの全員での本番終了後に、「みんながいるからこのサウンドなんだね、残り○回かぁ、寂しいな、3年生ありがとう」としみじみと噛みしめることにより、下級生たちは上級生に感謝し、また来年、今度は自分たちでこれ以上のチームを作ろうという気持ちになるものです。

②係はひとり1役以上、「適材適所」をみずから考えさせ、決定させる

　小編成バンドでは、設定した係の数よりも、部員数の方が少ない場合もあります。とにかく、全員が何かの役につく。クラスや学校の係、委員会とは違うことを明言し、自分の性格に合った係を「喜んでやらせていただきます」という気持ちで、部活に貢献することの大切さを根気強く伝えます。こうすることで、「～させられている」という気持ちを薄めてゆきます。

　生徒の性格と仮分担の一例ですが、
- 人前で話すのが苦手、目立ちたくない、几帳面な部員……楽譜係、記録係、清掃係
- 機械が好き、物が好きな部員……機材係、メトロノーム係、譜面台係
- 人前で話すことが大丈夫、目立ちたがり、やさしい……接待係、差し入れ係、宴会、レクリエーション係といった感じでしょうか。

　そしてもちろん、人望があり、他人のことを考えられる部員は幹部候補です。

　また私は「音楽・合奏に関するリーダー」をコンサートマスターとして、自分で直接指名するようにしています。人望があることと音楽的なセンスがあることは、別のことの方が多いように思うからです。そうすることにより、部長、副部長の心理的、物理的なプレッシャーも軽減します。

③引き継ぎ確定日の2週間前に、1・2年生の新体制を作り、3年生がつきっきりで指導、助言、支援をし、仕事の内容を下級生が理解できるように活動をもってゆく

　ここでやりきれなければ、3年生は引退できません。

★引き継ぎが完了し、1・2年生だけの活動に入ったら

①失敗しても叱らない。良かったところを見つけて、褒めて、励ます

これは演奏でも、係活動でも等しく同じです。ただでさえ人数が少ないなか、3年生がいなくなったためにガクッとあちこち隙間だらけとなって心細いところへ、「3年生がいなくなったとたんにこれだもの……」、「だからあれほど言ったのに……」などの言葉は百害あって一利なしです。

褒めて励ましてもヘコんでいる部員がいたら、内緒で3年生を呼んで事情を話し、それとなく3年生から慰めてもらうこともします。それでも、「やっぱり私には向いてません」「やりたくてなったわけじゃなし」などの発言が出たら、見逃してはいけません。叱らずに、それは絶対に違う（最初は誰もが悩むものだ）ということを根気良く話します。

②ミーティングの回数を増やす

この時期に大切なことは、技術の向上よりも、精神的な安定と信頼感の確立です。1・2年生の人間関係も、3年生がいたことで保たれていたものが、自分たちだけでは互いのわがままや甘えから問題が生じることもあります。人数が少ないとそれはより一層濃くなり、いじめや仲間はずれに発展し、退部者を出してしまうこともあります。逆に、上級生がいなくなって、たがが外れたごとく、生活面で乱れる部員も出ます。

私はとにかくミーティングと個人面談を、何かあるたびに行ないます。人は言葉で結ばれ、安定し、心を開いてゆくものです。真剣に、誠実に「人」と向き合う姿勢を指導者みずからが示すことが大切なのだと思います。

③少人数でもできる本番を重ねる

チームワークを心の面から作ってゆくためには、演奏の場も必要です。私は、老人ホームや病院、幼稚園などのお客様の前で本番を行なってきました。こちらから押しつけるプログラムではなく、聴き手の立場に立ったレパートリー作り、演出、立ち居振る舞いを経験することにより、実は一番ありがたい（恩恵を受けている）のは、自分たちなのだと自然に気づきます。

もちろん、この時期にはアンサンブルや基礎合奏、基礎的技術の向上の練習も平行して行ないます。

④「音楽体験」を重ねる

"生演奏を聴く"などのライブの体験ができればベストですが、地域や様々な事情により、なかなか実現できないこともあるでしょう。それでも、いまではビデオやＤＶＤなどで、いろいろな音楽を視聴することができます。休日練習など時間のあるときに、ぜひいろいろな音楽ソフトを鑑賞させてあげてください。

私は「吹奏楽を媒体として音楽を楽しめる人を育てている」のだといつも考えています。吹奏楽の演奏ばかりではなく、オーケストラや室内楽、声楽やオペラ、映画やミュージカル、ジャズや演歌、民族音楽や伝統音楽……みんな「音楽」であり、大切なのは「表現」なのだと教えてあげてください。

★最後に……

基本的には、小編成バンドでも大編成バンドでも、大切なことは一緒だと思います。

しかし小編成には、人数が少ないからこそ、より小回りがきき、具体的に動きやすく、ひとりひとりに向き合えるという利点があります。どうか「プラス思考」で、まず指導者が元気を出して、今、目の前にいる子どもたちを大切にしてください。それこそが、明るい春を迎える準備でもあるのですから……応援しています!!

生徒同士の人間関係をスムーズにする

相談ファイル

　3年生も引退し、部活動は1・2年生によるチーム作りに取りかかっています。秋の文化祭では3年生も一緒に舞台に上がりますが、それ以外の地域の演奏会や日常の練習は1・2年生で行なっています。役員交代は比較的うまくいったと思うのですが、その後、人間関係で問題が出てきて困っています。今年の1年生は学年としてもいろいろと問題の多い集団で、生活指導もなかなかうまくゆきません。2年生にも自覚のある子とない子の差が出てきています。私は3年担任で、これからは進路指導の仕事が忙しくなるというのに、毎日毎日、音楽以前の問題を持ち込まれ、頭を抱えてしまいます。良いまとめ方や助言の方法を教えてください。　　　　（中学校・音楽科・30代・女性）

　先生は、3年生担任ですか。おっしゃるように、進路指導のまっただなかで、お忙しいことでしょう。面談や高校訪問の数も多く、部活動に顔も出せない日も多いことでしょう。
　そんなときに限って、またゴチャゴチャと、ドロドロになってゆく人間関係……「うるさいっ！　黙って、仲良く練習してろーっ」て、私だったら吠えちゃいます。しかし、吠えても解決しないこともよ〜く分かります。大丈夫!!　先生はひとりじゃありません。ただし、即効性は期待せず、コツコツとゆきましょう。敵が「ドロドロ」ならば、こちらは「ネチネチ」と……です。

提案の前に

★トラブルは本来の目的のために必要な試練だと考えましょう

　教育の現場で行なわれる部活動である以上、そこには「人の心を育てる」という第一の目的があるはずです。それを達成するためには、「試練」「困難」「問題」はなければならない必要なことであり、子どもたちがそれを乗り越える援助をすることも、指導者の責任のひとつだと私は思います。それは毎年繰り返され、指導者にとっては「またか」ではありますが、生徒にとっては、常に同じ問題ではないのです。また、同じ問題を繰り返す生徒には、そういう自分に気づかせることも、指導者の

大切な仕事なのだと思います。

★問題の原因はどこにあるのでしょうか
●1年生の場合……ほとんどが「小学校時代から」の人間関係や問題を引きずってきています。「いじめられた」「しかとされた」と悪口を言い合っている生徒たちに「それはいつの話なんだ？」と尋ねると、「あれは確か、小学校4年生の夏……」などと言われ、目が点になることもしばしばです。中学で知り合った仲間であっても、お互いの小学校時代のうわさを聞いて、それが原因で仲たがいすることもあります。それらが、3年生がいなくなり、部活動に慣れ、クラスでの勢力図もできあがり、気もゆるみ、甘えやわがままが出てくる、この時期に吹き出すのです。ご相談には「今の1年生は学年としても問題が多い」とありました。それについては、現在の1学年の教師チームの問題なのか、学級崩壊を経験して入学してきた子どもが多く、基本的な生活習慣を身につけることが困難なのか、いずれにしても、部活の顧問ひとりではどうすることもできない、学校全体の問題です。様子をみながらゆきましょう。
●2年生の場合……幹部やリーダーになった生徒たちには、3年生が抜けたことで不安やプレッシャーがかかります。「役員交代は比較的うまくいった」ということは、そういう人材にこそ、重い責任感がのしかかることも考えられます。逆に、彼らを抑えていた3年生がいなくなったことで、本来のわがままや、まちがったプライドが頭を出して、やるべきこともせずに下級生に威圧的な態度をとり、反感をかってしまうこともあります。そういう生徒は「(同級生の)○○さんの言うことは聞くのに、私のことは無視する」などと言い、常に他人のせいにしたがります。

　一般的に、まじめで気配りのできる生徒ほど、必要以上に物事を深刻に受け止め、悩み、挫折しそうになってゆきます。反対に、わがままで理解力に乏しい生徒ほど、問題を他人のせいにし、無関心であったり、問題を深刻化させていることに気づかなかったりして、挫折しません。

★これが続くと、どうなるのでしょう
●小編成の場合……ほんの2〜3人がこういう状態になっただけで、問題が煮詰まり、チームのモチベーションが下がってゆきます。
●大編成の場合……あちこちで少しずつこういう事態が起きていても気がつかず、一見うまく回っているように見えてしまいます。最後まで問題にフタをされ、見すごされた生徒の中には、心に一生の傷を残す可能性もあります。また、時期がずれて、大事な場面で一気に大爆発を起こす可能性もあります。

提案その❶　学級担任、保健室との連絡を密にしましょう

　常に全部員の担任と連絡をとる必要はありません。しかし、自分の学年でない生徒たちについては、やはり必要です。校内のケース会議に上がった生徒が部員だっ

た場合、保健室からのリストに上がった部員、保護者からの連絡や要望のあった部員、日常の職員室での会話から問題視された部員、部内で問題を感じる部員、急激な変化（これは良い変化も含めてです）が見られる部員について。とくに部活には普通に来るのに、授業中に保健室に行く回数の多い生徒は要注意です。言葉としては「○○さん、この頃どうですか？」「最近、○○君、部活でこうなんですが、クラスではどうですか？」といった何気ないやりとりで十分です。続けていると、担任や保健室の方からいろいろと話題や情報を提供してくれるようになります。不登校の場合は、担任と一緒に家庭訪問をしたり、スクールカウンセラーに様子を聞いたりしてもよいと思います。

提案その❷ 「活動ノート」を活用してみましょう

名称は何でもよいのです。生徒たちとの「交換日記」みたいなノートや「日誌」のようなファイルを作ってみるのもよいと思います。1行でも赤ペンで返事を書いて返すうちに、信頼関係が築け、心の「何か」を知ることができます。無関心でわがままな生徒は書かないし、提出しないケースが多いものです。しかし、誠実で深刻な生徒は、逆に本気で書いてきますし、本人以外の対象者についての情報も得られます。

関西のある高校に伺ったとき、部員が200名近くいるのに、指導者の先生は毎日、日誌を全員に提出させ、必ず返事を書き込んで返却していることを知り、「やればできるもんなんだ」と感動したことがあります。

提案その❸ 「気づき」のミーティングをしてみましょう（先生同席）

「自分の欠点」「仲間の長所」を発表するミーティングです。思春期の子どもたちは、自分を好きになれない子が多くいます。「あなたの良い点は？」と聞いてもなかなか出てきません。反対に「直さなければならない点は？」と聞くと、たくさん出てきます。そのままでは自分も他人も大切にはできません。なぜならば、こういう子どもは、他人に対しても、良い点を認めずに、欠点ばかりを示すからです。このミーティングのねらいは、ありのままの自分をさらけ出す勇気と、他人に褒めてもらうことで自信をつけることの2点です。

全員の前で、ひとりひとりが「私は、こういうところがダメなところです。こんな失敗もしてしまいます」と発表し、逆にひとりひとりに対して別の誰かが「○○さんのこういうところが好きです。こんなことがありました」と発表します（気が遠くなるような根気と時間が必要ですが……私は休日に練習せず、気合いを入れてとことんやってしまいます）。年に1回でも、こういう時間を持つと、その後ずいぶんと雰囲気が変わります。「そんなこと、めんどくさくて、無理」という方は、「道徳」の教科書や「学級活動」のワークシートに手がかりがあります。手もとになければ、

担当の先生に聞いてみましょう。それを「部活」用に変換して活用できます。

提案その④　個別指導で理解と納得をさせましょう

　次のステップは「個別指導」です。ケンカやいじめが発覚した場合は、関係者を個別に呼んで、まず「なぜそうしたのか」という言い分を丁寧に聞きます。言葉をさえぎらずに、否定も肯定もせずに、とにかく全部聞きます。それから、そうなってしまった原因が本当に相手だけにあったのか、自分にはいっさいの非がないのか、相手には欠点しかないのか、分かってもらうためだったとしても、その方法は正しかったのだろうかと、だんだんと迫り、最後には「人はみんな違う。欠点を認め、長所も見つけ、その上で上手に折り合いをつけてゆくことが、人間関係を築く際に大切なこと」「世の中、お互い様」であることを理解し、納得させてゆきます。そして、関係者を全員集め、自分の考えを述べ合い、謝るべきことは、きちんと謝らせます。

提案その⑤　結局は何をしに来ているのかを確認させましょう

　みんな、結局は、音楽が好きで、吹奏楽が好きで、合奏が好きで、部活動に集っているのです。目の前に嫌なことがあると、全部が嫌になり、どうでもよくなり、大切なものが見えなくなってしまいます。チーム全体がへこんでしまい、にっちもさっちもゆかなくなってしまうこともあります。それを先生がリセットしてあげてください。グズグズ、ドロドロのあとは、「さあっ、みんな、でもやっぱり、音楽が好きなんだよね。合奏しようよ！」と手を差し伸べてあげてください。この「切り替え」が大切です。

提案その⑥　保護者と信頼関係を築きましょう

　良いときも悪いときも、支えてくださるのは保護者です。もちろん、いろいろな方がいらっしゃいますから、こちらの言動を曲解されたり、誤解されたり、クレーマーに翻弄されたり、災難としか言いようがない事態に遭遇してしまうこともあります。それでも、恐れずに情報を開示してゆくことをお勧めします。良識があり、見識もある保護者は必ず見ていてくださいます。

　また日頃から、ちょっとした問題があった部員については、いちいち保護者にすぐに連絡を入れましょう。本人が絶対に真実を語るとは限りません。今は保護者もフルタイムで働いている方が多いですから、なかなか難しいですが、できれば本人が帰宅する前に連絡がつけばベストです。本人は帰宅して、お母さんから「今、先生から電話があったわよ」と言われただけで、「もう逃げられねぇ」と観念することでしょう。

提案その❼ バンドが安心できる居場所になってほしい

　人が安心できる「居場所」……普通は「家庭」であるはずです。しかし、今やそれもなかなか危うい状況になっています。様々な理由から、家庭が家庭の機能を成していない……。家族でありながら、絆や愛が感じられない……。そんな環境で、「生きづらい」と感じている子どもたちを多く見るようになってきました。
　たまたま、何かの縁で吹奏楽と出会い、音楽と出会い、楽器と出会い、仲間と出会い、そして先生と出会った子どもたちです。そんな子どもたちにとって「ここが居場所」であったら、どんなに安心でしょう。口で言うのは簡単です。しかし、実際にはとても難しいことです。たかが部活に、そんなことまで求めていない人もいます。相手を受容したり、コミュニケーション力を高めたり、想像力を働かせて、気配りや思いやりを深めたり……子どもたちに求めていることが、実は一番、教師が苦手なことだったりする場合もあります（私もそのひとりです）。言い換えれば、教師も子どもたちの起こす様々な問題によって、成長できるのだと思います。
　こんな世の中だからこそ、ますます「心を育てる居場所」が必要だとは思いませんか？
　先生、頑張らないでくださいね。頑張らなくていいから、先生ご自身の居場所にもなるよう、率直に生徒たちと向き合ってみてください。先生のチームの心のサウンドが実ることを、お祈りしています。

第 2 章　日々の指導と練習

「オフシーズン」の過ごし方

> **相談ファイル**
>
> 　私は、公立中学校に勤める音楽教師です。本校の吹奏楽部は、部員が1・2年生で40名ほどいます。コンクール、地域の演奏会、アンコンと、ごく一般的な活動をしています。しかし今年度は、インフルエンザ流行が収まらず、学級閉鎖や学年閉鎖、行事の延期と次々と重なり、部活動も何回も中止となり、ここ何か月か全員で練習することができない状況です。また、冬場の下校時刻はとても早く練習時間も限られてしまうので、このオフシーズンをどう過ごしていいのか悩みます。この悲惨な状況に、部員のモチベーションも下がり、私自身も気持ちがふさぎがちになっています。この沈滞ムードを払拭する方法があれば教えてください。　　　　　　（中学校・音楽科・40代・男性）

　本当に大変でしたね。先生のご体調は大丈夫でしたか？　例年の季節性インフルエンザでも、部活動は大きく影響を受けているのに、加えて近年は「新型」もありますから、生徒たちの体調管理は大変です。学級閉鎖や学年閉鎖になっても「授業時間の確保」は、至上命令ですから、平日に授業ができない分を、休日に授業をしたり、長期休業を削って補ったりする学校もあります。ただでさえ練習時間がないのに……困ったことです。
　吹奏楽に「オフシーズン」があるのかどうか、私にはよく分かりませんが、チームに体力をつけるには、「冬が一番大事」な時期だと思います。人数がそろわなくても、欠席者が出ても、短時間で活動できる方法を、一緒に考えてみたいと思います。

提案の前に

★先生、元気を出しましょう！
　一見、沈滞ムードの子どもたちでも、注意深く個々の様子を見てみてください。黙々と努力している子。あっけらかんと笑っている子。友達のことを気遣っているやさしい子。チームの雰囲気を何とか上向きにしたいと真剣に悩んでいる子。……そんな子どもたちが、目立たないけれど、先生のそばにいませんか？　……毎日一緒だとなかなか分かりませんが、この子たちが入部してきたときと比べれば、それなりに「成長したなぁ」と思えることが見つかるのではないでしょうか。風邪やイ

ンフルエンザ、下校時刻など、外的な要因は「仕方のないこと」です。別の視点から子どもたちを見ると、不思議と「子どもたちから元気をもらえる」ものです。私たち教師って、そういうところ……ありますよね。

★急がば回れ……の精神で

　例えば「はい、これ食べて」と、アップル・パイをあげるより、「これは無農薬のリンゴを特別な生地で、あなたのために焼いた手作りだよ」と言った方が美味しそうだし、食べたいっ、と思いませんか？　日頃の練習も、そのような言い方で、先生が子どもたちに課題を与えれば、子どもたちは「やらされる」のでなく「自分から」練習に取り組むようになるのではないでしょうか。大切なことは「適切な動機づけ」です。そのためにも、もう一度、それぞれの練習に対して、先生ご自身が総括し、先生の「言葉」により、子どもたちの興味を引きつける工夫をなさってみるとよいと思います。お忙しいのは重々承知の上でのことですが……急がば回れ、の気持ちで考えてみてください。

提案その❶　基礎練習の見直しをしてみましょう

　そんな視点で見てみると、一年中している「基礎練習」も、子どもたちが「正しい奏法」で「理解」し「納得」して行なうチャンスです。

★その練習を続けると「どんな良いことがあるのか」を知る

　例えばロングトーンの練習。この練習を正しく続けると「どんな良いことがあるか」……子どもたちに質問してみます。「音を羊羹のようにしっかりのばすことができる」「音の出だしがきれいになる」などが一般的に多い答えです。しかし、これではまだダメです。「きれいなフレーズを自分が考えた通りに歌えるようになるから」とか、「美しい和音をビシッと豊かに演奏できるようになるから」……こんな答えが出てくるまでねばります（出てこない場合には教えます）。タンギング、リップスラー、スケール、ビブラートなど、他の練習も同じように「考えさせて」ゆきます。同時に、アンブシュアや呼吸など、奏法についても確認します。基礎練習は、結局「自分が気持ち良く音楽するため」に必要なことである、と納得できれば、続けることができますし、1日15分でも効果は上がります。

★マーチとコラールを音楽的に演奏できると、楽しい

　この「気付き」をうながすための教材として、マーチとコラールは非常に効果的です。
　「マーチには、吹奏楽のすべての要素が入っている」とよく言われますが、その通りです。またコラールでは、長いフレーズをたっぷりと、立体感をもって歌いきることが要求されます。ハーモニーの透明感も要求されます。お薦めは、モーツァル

第 2 章　日々の指導と練習

トの《アヴェ・ヴェルム・コルプス》や、マスカーニの歌劇《カヴァレリア・ルスティカーナ》より間奏曲などです。

提案その❷　アンサンブルを続けましょう

　アンサンブルは、コンテストのためにやるのではありません。コンテストの地区大会や県大会が終わるとやめてしまうというのは、もったいないことです。楽しいのは「ここから」です。せっかく演奏できるようになったのですから、それを「継続」させて、アイコンタクトやフレーズの受け渡し、強弱の呼吸合わせ、アインザッツの仕方などを習熟させ、自分たちで録音して、音楽の作り方を討議したり、指摘し合ったりできるようになると、達成感、楽しみへとつながります。それはそのまま、合奏の基本となります。

　ひとつひとつのチームがバランス良く作れない人数の場合は、既製のアンサンブル楽譜通りではなく、金管とか、木管とか、金管＋打楽器など、おおざっぱにくくって、ひとり1パートでなくてもよいと思います。最初は先生の助言が必要ですが、週に1〜2回、30分でも行なうと効果的です。

提案その❸　歌いましょう

　合奏にならないくらい、人がパラパラなときでも、「歌」ならば何人でも大丈夫です。声を出してソルフェージュの力をつけたり、正しい発声を学んで美しく歌うことを身につけたりする良い機会だと思います。キーボードで出した音を正しく声に出したり、どれか1音を弾いて、3度上や下、5度上や下を歌わせたりします。それを組み合わせると、ハーモニーができます。初めはなかなか音が取れませんが、何回も行なううちにできるようになります。

　また、授業で1年生が歌う合唱曲を全員で歌ってみましょう。言葉の滑舌が明瞭になると、不思議と、演奏しても発音が見えてきます。歌うことは気分転換にもなります。先生もご一緒に……とても楽しいですよ。この練習も毎日15分くらいやれば、効果が出てきます。

提案その❹　他校への訪問、合同練習を企画してみましょう

　本当は、老人施設などへの訪問ボランティア演奏会ができれば、一番よいと思います。合奏だけではなく、アンサンブルや合唱など、学んだことを発表する場にもなります。ただ、私の経験から申し上げますと、1〜2月は老人施設への訪問は難しいです。なぜならば、インフルエンザが流行して一番大変なのは、学校よりも高齢者の方々だからです。この時期は、どこの老人施設も、部外者の出入りを極力制限して、感染防止にあたります。私も、すでに決まっていた演奏先を何回もキャン

セルされた経験があります。これといった地域のお祭りや、イベントもこの時期はなかなかありません……となったら、先生が「このバンドを見せたい」と思う学校に、子どもたちを連れて行ってはいかがでしょうか。行け行けバンバンの有名校は別として、「こっちがヒマなら、あっちもヒマ」ということです。ついでだから、楽器を持参して、合同練習をお願いすると、もっと「お得」です。きっとお互いに良い刺激になると思います。これは休日練習などを利用します。

提案その❺　練習する周辺環境を整えましょう

★まずは大掃除

普段、きれいに掃除しているようでも、衣装や小道具など、いろいろな物がたまり、細かいところが雑になってきています。人数がそろわない日などは、思い切って全員で、楽器や机、椅子、譜面台などを全部廊下に出し、きれいさっぱりゴミも出して、大掃除をしてみましょう。マウスピースやリードの予備、手入れ用品、メトロノームの点検もして、整理しておくと、新入生が出入りする春がとても楽になります。「さあ、やるぞっ」という気持ちにもなります。どこかで1回やれば十分です。

★ミーティングで新体制を励ます

秋に、1・2年生の新体制になって数か月。ここまでの「反省会」をします。新しい部長や副部長、コンサートマスター、パートリーダーをみんなは支えているか。文句ばかり口にして対人関係を悪くしていないか。決めた係は、十分に機能しているか。改善するべき点はどこか……頑張っている人、人の見ていないところで黙々と努力している人の名前を挙げて褒める……特別な問題がなくても、こうして話し合うことが、お互いの安心感や信頼感につながります。先生が必要と思う時間、回数で行なってみてください。

★「音楽」鑑賞

普段は忙しくてなかなか実現しない、DVD鑑賞会やビデオ鑑賞会をします。吹奏楽コンクールの全国大会の映像を見せて「同じ中学生だぞっ、何が違うか考えなさい」などというのも悪くはありませんが（私もやってました）、せっかくの新チームでの冬場です。心の温かくなるような映像、心臓がバクバクするような演奏……例えば、「ウエスト・サイド・ストーリー」の映画。三大テノールの名場面。ジブリのアニメ。ヨーヨー・マの室内楽。ベルリン・フィルの《第九》。マイケル・ジャクソンのムーンウォーク。ウィーン・フィルのニューイヤー・コンサート。ボストン・ポップスの《スターウォーズ》。歌舞伎。ジャズ。ニューヨーク・シティ・バレエ団のダンス、などなど（すみません、これ全部、私の好きなものでした）……先生ご自身のお好きな、いろいろなジャンルの「ここ一番」を聴かせたり、見せたりすると、子どもたちの頭にいろいろな「引き出し」ができます。これも休日練習時などを利用してみてください。

★勉強

　基礎的な楽典です。ドイツ音名、記音と実音の関係、調号と音階、スコアの見方、音程、記号の意味……。短時間でもコツコツきちんと教えれば、音符を音に出すだけの行為の先にあるものが理解されます。私は、全員にイタリア語辞典を持たせていました。標語や楽語は、音楽事典ではなく、イタリア語辞典を引かせます。すると、本来の意味が見えてくるからです。子どもたちが将来も音楽を続ける上で大切な宝になります。これはノート、筆記用具持参で、週に1回30分でも、効果が上がります。

その他

　学年末に定期演奏会を行なう場合は、すでに準備に入ります。また、次年度のコンクール課題曲の練習に入るチームもあります。自由曲に取り組み始めるチームもあります。

最後に……

　子どもは、先生のひとこと、少しの変化も敏感に受け取ります。先生がアイデアを模索し、楽しくためになることをしようと努力されれば、それは子どもたちにも伝わります。

　冬から学年末に向かって、ますます忙しくなる季節です。なかなか部活へも顔を出せず、ご苦労も多いと思いますが、この時期が、来るべき「春」への力となりますようお祈りしています。

顧問のひとりごと

インフルエンザが流行すると、「吹奏楽部から流行った」と言われる。
音楽室での人口密度が高いからだ。
悔しい……音楽室のフロアの石鹸をすべて薬用にする。
うがい薬を流しに置き、各自コップを持たせてうがいをさせる。
室内には、各家庭から寄贈された加湿器を何台も置く。
校内での生活にはマスクをさせる。
アンコン会場では全員がマスクの怪しい集団となる。
これでもかっ……と、対策を立てての日々。
冬の吹奏楽部は、「時間」と「インフルエンザ」との闘いである

パートリーダーのチェックポイント

1. 良い音や良いイントネーションを自分自身で感じているかどうか。
2. あなた自身が、素早く（敏感に）そして生き生きと演奏しているかどうか。
3. 自分から良い音楽を（CDなども含めて）いつも聴いているかどうか。
4. 自分の楽器の機能や取り扱い方が、説明できるかどうか。
5. 音楽の訓練で、何が最も大切なのかを知っているかどうか。
6. くりかえして練習することの大切さを、知っているかどうか。
7. 良い姿勢についての理論を知っているかどうか。
8. 呼吸法について正しい理論を知っているかどうか。
9. アンブシュアの正しい形を知っているかどうか。
10. 正しい楽器の持ち方を知っているかどうか。
11. よく鳴り響くフォルティッシモを持っているかどうか。
12. 美しいピアニッシモを持っているかどうか。
13. アタックや発音法を正しく知っているかどうか。
14. 読譜力（音符だけでなく、そこにある様々な情報を正しく理解する力）があるかどうか。
15. 初見力があるかどうか。
16. あなたが楽器を通して、歌っているかどうか。
17. アーティキュレーションについて理解しているかどうか。
18. フレージングを正しく理解しているかどうか。
19. 楽器の状態をいつも観察しているかどうか。
20. 他の人の音、話を聞く耳を持っているかどうか。
21. 練習にユーモアがあるかどうか。
22. きちんと褒めているかどうか。

第2章　日々の指導と練習

アンサンブルの練習法

> **相談ファイル**
>
> 私の地区では、毎年、アンサンブルコンテストに、部員全員で出場しています。予選では何チーム参加してもよいからです。しかし、学校の仕事に追われて、なかなかきちんと練習を見てあげられません。効果的な練習方法を教えてください。　　　　　　　　　　（中学校・音楽科・40代・女性）

　アンサンブルコンテストの出場チーム枠は、地域によって本当に様々です。予選から「1校2チームまで」というくくりのところもあります。そういうところは、校内で選考会を実施したりしています。先生の地域は、全員が舞台に立てるとのこと、とても恵まれていて、幸せなことだと思います。
　日頃の合奏も、実は「アンサンブル」ですね。ですから、数人での演奏が、音楽的になり、効率的な練習方法を身につけることは、大きな合奏体になってもとても有効だと思います。
　いろいろな練習方法があると思いますが、ここでは、具体的なアンサンブル練習と、効用について、考えてみたいと思います。
　この練習は、子どもたちだけでできます。

提案その❶　まずは暗譜をする

　まずは、暗譜をしっかりとします。その際には、楽譜に書かれている「情報」もしっかりと表現できるように、ただ、音程とリズムだけの暗譜にならないように注意してください。
　練習のときには、楽譜は置いておきますが、暗譜をしていると、自分以外の人の音をよく聴くことができます。アイコンタクトもしっかりと取りやすくなります。
　楽譜については、パート譜だけでなく、必ず全員にスコアも用意してください。これがあると、互いの立場と役割も一緒に頭に入ります。

提案その❷　並び方を変えてみる

　ひとつの並び方だけにとらわれずに、いろいろと変えてみます。

丸くなって演奏すると、お互いの顔がよく見え、音の受け渡しもよく分かります。
　低音を中心に持ってくる、リーダーが前に出てアインザッツを大きく出す……など、「こうでなければいけない」と決めずに、柔軟に工夫し、最終的に決めます。

提案その❸　録音をして、検証する

　自分たちの演奏を録音します。大がかりなものではなく、ラジカセを各チームがひとつ用意し、そこに録音してゆきます。場所は、廊下でも、階段の踊り場でも、どこでもかまいません。
　聞き返すときには……
- 1回目……観客になったつもりで聴く……音楽が流れているか、聞きやすいか、自然か、フレーズの受け渡しがきれいか、バランスはどうか。
- 2回目……楽譜を見ながら聴く……技術的な問題点を見つけたら、この部分で止めて、何回も聴き直し、直すべき点を楽譜に書き入れてゆきます。

　お互いに指摘したり、意見を出し合ったりして練習する過程がとても大切で、より大きな達成感へとつながります。大きな合奏体の中では、なかなか音楽作りに対する意見の言えない子どもたちも、こういう場所で勇気を持って発言してゆくことで、「音楽を考える力」と、楽しみが身につきます。

提案その❹　お手本の演奏と聴き比べる

　あらかじめ、お手本の演奏（原曲でも大丈夫です）を渡しておいて、自分たちの録音と聴き比べます。大切なことは、フレーズや主題の音楽的表現が、お手本と比べてどうか、ということです。
　まずは「まね」ができるということは、とても大切なことです。技術が違うのは当たり前ですが、音楽表現について考える「作業」が子どもたちを成長させます。

提案その❺　声に出して歌う

　自分のパートを声に出して、歌えるようにして、チームで合わせます。つまり四重奏なら「四重唱」になるし、六重奏なら「六重唱」になります。身体を動かしたり、揺らしたりしながら、抑揚をつけて歌うことにより、正しい音程となり、音楽的な表現ができるようになります。もちろん、その際は「鼻歌」ではなく、「正しい発声」できちんと歌わせます。また、メロディーを全員で歌うことも、フレーズを理解する上で効果的です。

第 2 章　日々の指導と練習

提案その❻　気持ちの伝わる「アイコンタクト」を行なう

　ただ何となく、相手の方を見るのは、アイコンタクトとは言いません。しかし、「演奏する人を見て」と言っても、子どもたちは慣れていないと、きちんと見ることができません。最初は、先生が、見るべき人に対して、他のメンバーの身体を、あえておおげさに向けさせたり、「ここでこの人の目を見る」と、指示を出したりしてあげるとよいと思います。

　ハーモニーを合わせる、フレーズを受け渡す、主題に寄り添う……いろいろな場面で、心から「あなたと一緒に」という気持ちで相手の目を見ることは、意外と難しいものです。

　これができるようになると、心に余裕が生まれ、「楽しい」という感情が生まれてきます。

提案その❼　アンサンブル練習から、得られる力を確認する

　コンテストがあるからアンサンブルに取り組むのでは、意味がありません。子どもたちの成長に必要な「何か」があるから、取り組むのです。それらのことを、具体的な言葉で、子どもたちに伝えてあげてください。それも、モチベーションアップにつながると思います。

★人間関係を円滑に進める力

　好きなもの同士で、チームを組むことはまれです。普段はあまり接点のない仲間ともチームを組むことの方が多いと思います。

　お互いの力を認め、励まし、自分に与えられた課題を責任を持って克服することで、信頼関係は生まれてきます。当然、トラブルも起きます。それも必要な出来事なのだと思います。価値観の違う人たちが、意見を交換しながら成長できたら、これが一番の「力」となります。

★楽譜を読み込む力

「読譜」というと、音符だけを追いがちです。

　アンサンブルの曲は短く、スコアも簡単です。作曲者について調べ、そこに描いてある様々な記号を読み込み、フレーズの流れやかけ合いを「スコア」から読み取る、良いチャンスです。

　ここでは、「選曲」が問題となります。

　それらの「力」をつけるためには、指導者側が、そのチームの力量に合った適切な曲、「教材」を与えることが前提です。やりたい曲をさせてよいチームと、意図的にこちらが導かなければならないチームとがあるはずです。そうすることで、子ど

もたちは、ひとつひとつを確実に身につけ、達成感を持つことができます。

★評価する力

　自分たちの演奏を録音し、すぐにその場で再生して、評価し合う。
　この作業の繰り返しにより、「聴く耳」が育ちます。互いに鑑賞し、評価し合うことも大切です。全員に聴いてもらうことにより、緊張する場面も作ることができます。それぞれのフレーズを的確に表現することは、自分の弱点と向き合うことでもあります。

提案その❽　どうしても音楽に違和感があるとき

　そこまでやっても「何か変……」「そうじゃなくて……」と、違和感があるときには、先生がどんどん指揮をして引っ張ってゆきましょう。アンサンブルなのだから子どもたちに任せて自分は振ってはいけない、ということはありません。アゴーギクや強弱、フェルマータ、フレーズの流れ等、先生が指揮することで、子どもたちの身体に刷り込んでゆきます。それが自分たちだけでもできるようになれば、また一歩前進なのです。

　合奏やチームワーク作りに生かせるアンサンブル活動になりますよう、お祈りしています。

身体表現を学ぶ活動

第2章　日々の指導と練習

吹奏楽における身体表現

相談ファイル

25年間、吹奏楽部の顧問をしています。ベテランと呼ばれる年代になり、バンド指導にも、自分なりに取り組めていると思っていました。しかし最近、普段から消極的で、あまり発言もしない子どもたちを見ていて、無表情で、演奏中の動きもないことがとても気になります。若い頃はあまり気になりませんでしたが、こうさせてしまっているのは、自分の指導に何か問題があったのではないかと、反省しています。子どもたちが表情豊かに、音楽的な演奏をするために必要なことを教えてください。　（高校・数学科・50代・男性）

　すばらしいですね、先生。ベテランになればなるほど、謙虚にご自分を振り返る姿勢に、頭が下がります。そんな先生に巡り会えた子どもたちは幸せだと思います。ご一緒に考えてまいりましょう。
「生き生きとしたフレーズを歌いたい、涙が出るほどの美しいフレーズを演奏したい」「変化に富んだ、立体的な演奏がしたい」……指導者ならば誰でもそう願うことです。
　私は「音楽表現」と「身体表現」とは、とても深い関係があると思っています。そして、子どもたちの「想像力」を育てることが、「音楽表現」にも、日常の「コミュニケーション力」の向上にも必要であると感じています。
　ここで言う「身体表現」とは、舞台上で歌ったり、踊ったりのパフォーマンスのことではありません。また統制された機械のように、演奏に動きをつけることでもありません。一般的に必要とされる、ソルフェージュのメソッドでもありません。
　一見、楽器を持たない不思議なメソッドも入っていますが、子どもたちの「想像力・表現力」の高まりの一助になると思います。

提案その❶　「歌うこと」と「動くこと」を連動させる力を高める

　私はすべての音楽活動の基本は「歌うこと」にあると考えています。それは吹奏楽に対しても同様であり、毎日の練習の中に必ず「歌う」作業をいろいろな形で取り入れています。
①手を使い、フレーズを歌いながら、上下左右に動かしてゆく。
②立って、全身を使って、フレーズやリズムを歌いながら、その雰囲気に合うよう

に動いて見る。(歌いながらヒラヒラと動くので、知らない人が見たら、ちょっと「あやしい」です)

①②とも、正しい発声で歌います。そして、流れるようなフレーズならば、手や身体をなめらかに、美しく動かし、ブレスやフレーズの凹凸に連動させます。このとき、伴奏でもあと打ちでも、対旋律でも打楽器でも、全員が主旋律を歌い、動きます。
③楽器を持ち、主旋律のパートだけ、頭の中で今の動きをイメージしながら演奏してみる。
④全員が自分のパートを歌いながら、手を動かして全身で表現してみる。ソルフェージュの訓練がきちんとされているバンドならば、美しくハモるはずです。
⑤最後に全員が楽器を持って、頭の中でイメージしながら、演奏してみる。
……これだけで、ずいぶん変化すると思います。

提案その❷ イメージ力を高める

ここでは、いろいろな実体験を具体的にさせたり、想像したりして、その体験を蓄積させたり、その様子を擬態させたりしてゆきます。これが蓄積されてゆくことで、指揮者の意図する音楽的表現を指示する場合の、指揮者の「言葉」や「動き」が共通の理解となって、演奏に反映されてゆきます。

これは一例なので、指導者の考え方でいくらでも増やすことができます。

★質感

- 固いスーパーボールをバウンドさせる。
- いろいろなボールをバウンドさせる（バスケットボール・バレーボール・テニスボール……みんなどれも、違うはずです）。
- 水風船でヨウヨウする。
- 大きくて柔らかいボールをフワフワさせる。
- フワフワの柔らかい子犬を抱く。
- 触ると痛い、イガイガの栗のイガを持つ。
- 小さなハムスターをかわいがる。
- 落ち葉を踏んで歩く。

ボールを用いて……（指導者講習会より）

第2章　日々の指導と練習

●雪道を歩く。（積りたてとぐちゃぐちゃ）などなど……

★重量感
- 重たいブロックを持ち上げる。
- 大きくて中が空っぽの段ボールを持ち上げる。
- 隣同士のメンバーを背負ってみる。
- 新聞紙1か月分を縛ったものを両手で持ち上げる、片手で持ち上げる。
- ティッシュペーパーを1枚ヒラヒラさせる。

★色彩感
- 晴れた日の夕暮れ時、夕焼けの変化を見る。
- 雨上がりの太陽の日差し、雲の色を見る。
- 例えば「赤」なら、いろいろな赤い色の花を見比べる。
- 絵画（西洋の絵画・日本の水墨画・版画）を見る。
- 青葉を下から太陽に透かして見る。
- どこまでも続く青空を見る。
- 台風の雲の流れや色を見る。
- 紅葉の葉の1枚1枚を見る。
- クラシックバレエや現代バレエの映像を見せて、照明や衣装を見る。

★躍動感
- オーケストラや室内楽、アンサンブル、オペラ、独奏や独唱の画像を見せたり、コンサートに引率したりして、コンサートマスターや指揮者、演奏者の目の動き、表情、身体の動きを見る。
- リトミックトレーニングを定期的に実施して、リズムを身体で表現することを感覚的に身につける。（歩く・スキップ・シンコペーション・動く・飛ぶ・跳ねる・なめらか）
- バレエやダンスの映像を見せて、ダンサーの身体の動きと手先の動きを見る

　こういうイメージが実体験として持てるようになると、例えば先生が、「ここのフレーズは地平線にどこまでも続く青空のように」などとおっしゃっても、メンバーが同じ景色を見ることができるようになります。

提案その❸　表情筋を使う

　日本語は、他国の言語と比較して、表情筋を使わずに話せる言語です。また最近は、大人も子どもも、嬉しいのか、悲しいのか、表情からはくみ取れない人が増えています。顔面は全部筋肉です。特に、楽器を演奏中は、ほほから上の表情が大切です。

日頃から表情筋を意識させて訓練してゆきます。
- 眉毛をグイッと上げ、目を大きく見開く。
- 「あ」「え」「い」「う」「え」「お」「あ」「お」と、ハッキリと母音を発音できる口の形を作る。
- 表情だけで、喜怒哀楽が分かるようにする。

提案その❹ アンサンブル力を高める

　実際の演奏に入ってからも、いつものセッティングだけでなく、いろいろなバリエーションの中で、曲の持つ音楽的な部分を「動いてみる」ことで柔軟にしてゆきます。
① 全員にアインザッツを経験させる。
② 合奏の場で、フレーズの受け渡しをするパートだけ立たせて、向き合って演奏しながら、フレーズのキャッチボールをさせる。
③ 体育館などで、全員が丸くなって演奏し（暗譜で）自分が気にしないといけない、パートや人間に身体や表情を傾けて動いてみる。

提案その❺ 客観的に検証する力を高める

　最終的には、自分たちのアンサンブルや合奏を画像に収録し、それを全員で検証します。音を消して、映像だけを見せることも効果的です。
「ここの動きは音楽に合っていない」「ここはただ拍を刻んでいるだけに見える」「こんなところでの楽器の上げ下げは意味がない」「楽器の構え方がバタバタしている」「打楽器の演奏中の移動に無駄がある」「目や眉毛などの表情が死んでいる」「楽しそうでない」「悲しそうでない」などなど……客観的に見る視点を、まず指導者が与えてあげてから、検証してください。
　たくさんの意見を出させ、指導者の助言とともに、自分たちで検証できる力を育ててゆきます。大切なことは、「自然であること」「生理的に納得できること」です。どこかに「違和感」があると、そこに目や耳が行ってしまい、音楽がなくなってしまいます。

最後に……

　表情が豊かで、音楽的に動ける……ということは、「自分の力で」「考えて」「感じて」「表現できる」ということです。動くための動きではなく、表現するために必要な動きなのです。プロの演奏家は、空気を吸うように当たり前にしていることです。
　しかし、子どもたちには、指導者が適切な動機付けをし、いつか彼らが呼吸をするように音楽を感じられるよう、導く必要があります。今、ここだけを乗り切る練

習ではなく、子どもたちが一生、音楽を本当の意味で楽しむために、どんな力をつけなければならないかを考える必要があると思います。

今子どもたちは、直接話すよりメールの方が楽なのです。リアルな体験より、バーチャルな（ゲームなど）世界で友達と楽しみます。

なかなか困難はあると思いますが、まずは、先生が「良きパフォーマー」として子どもたちに手本を見せてあげてください。先生が無表情だったら、子どもたちは笑うに笑えません。

先生と子どもたちが、豊かで楽しい表現の世界で、音楽できることをお祈りしています。

コラム 「こんなこともありました……」❷

★基礎練習「だめだこりゃ」事件

私はどんな練習方法も、いったん信じたら数年間は続けます。あるとき3年間続けた基礎練習を、「やっぱりだめだこりゃ」と中止しました。3年続けた結果、大きな音は出るようになったのですが、硬くて使えない音になってしまったと気がついたからです。それを告げたときの3年生たち……「先生、僕たちの3年間は、なんだったんでしょうか」と。ごめんっ！　「ま、世の中、そういうこともあるよっ」……。

★「モーゼの十戒」事件

合奏中、一番奥のトランペットに文句がありました。話しても分からないので、そのままズンズン怒りながら進んで行くと……その周辺にサァ〜ッと「道」ができました。私は怒ると、そのへんのものを蹴飛ばしながら前進するので、周辺のパートは自分の身と楽器の安全を常に図らなければなりません。ただそれだけのことなのですが……事情を知らない見学者から「先生、モーゼの十戒みたいでしたよ」と……。

★「逆・家庭訪問」

練習が思うように進まず、学校で嫌なことが続いて……へこんでいたら体調まで悪くなり……ついには学校を休んで引きこもり……そんなある日の夜。ピンポーンと、玄関ベルが。見ると部員たちが大勢います。遠い私の自宅まで、電車に乗ってやってきたのです。「先生、このクッキー、私が焼いたんです」「先生、先生の大好きなミスド（ミスタードーナツ）です」「先生……大丈夫、私たちがついていますから」「先生、私たち、待ってますから……」と……顧問、ただただ、涙と鼻水が流れっぱなし。

先生が生徒に家庭訪問されてどーすんだっ!!　あ……ありがとう、君たち……。

★「こんなんじゃ年が越せません」事件

　ある年の大晦日。アンサンブルの練習中、顧問激怒。本当は、気持ち良く「それでは良い年を！」と終わるはずだったのに……。「勝手に年でも何でも越しなさーいっ！」と怒って帰宅してしまいました。気分を落ち着けようと途中でお買い物。帰宅してみると……マンションの入り口に大量の中学生が……練習が終わって、すぐに電車に飛び乗ったらしい。「先生っ!!　すみませんでしたっ!!」「先生、こんなんじゃ年が越せません」「お願いですっ、先生っ」と。「うん、うん。分かればいいんだよ、分かれば。」と、顧問、涙目。すばらしい年越しとなりました。

★「大掃除は結構です」事件

　誕生日にもらった「肩たたき券」。母の日にもらった「洗車券」。卒業式にもらった、男子部員が釘で編んだ「座布団」。……いろんなものをもらいました。そして、ほのぼのたくさん、使わせてもらいました。あるとき、「先生の家の大掃除券」をもらいました。年末のある日、その「部隊」はやってきました。バケツにぞうきん、ほうきにおやつ。全部持って電車に乗って来たらしい。あんまり人数が多いので、やる気満々の子どもたちに、「ありがとう。気持ちだけで十分だから。今日は遊んで行きなさい」と、お菓子とジュースでパーティー状態。うれしかったけど……そのあと、本当に……大掃除。

第3章
コンクール

初めてコンクールに出る

相談ファイル

今年度、初めての異動で、吹奏楽部の顧問になりました。本校の吹奏楽部は、今までコンクールに出場したことはありません。私は学生時代、吹奏楽部でクラリネットを吹いていて、中学・高校とずっとコンクールに出場していました。子どもたちにも、コンクールに取り組むことで得られることはたくさんあると思い、是非、出場してみたいと思っています。ただ、指導者・顧問としてコンクールに出たことがないので、どうしたらよいのか分かりません。注意点などを教えてください。 （中学校・数学科・20代・男性）

　ご自分が、演奏者として、学生時代に楽器をなさっていた先生は、コンクールに対して、きっと良い思い出がたくさんおありなのでしょう。すばらしいですね。そのすてきな思い出を、生徒さんたちにも是非、味わわせてあげてください。

提案その❶　まずは、吹奏楽連盟に加盟しているかどうか、確認しましょう

　これは、意外と忘れがちなことです。異動後、当然入っているものと思い込み、いざ、コンクールの申し込みをしようとしたら、吹奏楽連盟に加盟していなかった……ということもあります。基本的に、地区の吹奏楽連盟に加盟していないと、コンクール、コンテスト、様々な講習会、イベント等には参加できません。是非、確認なさってください。加盟費については、地区によって、部で負担、公費で負担など、仕組みも違いますので、確認してください。

提案その❷　どんなコンクールに出場するのかを決定します

　今はコンクールの数も、ずいぶん増えました。全部出場する意味があるのかどうか、冷静に考えてみる必要があります。ひとつひとつのコンクールは、趣旨や出場の手順、日程、費用も異なります。指導者が、校内の日程や、予算、チームの編成、子どもたちの負担などを考慮して、どのコンクールにエントリーするのかを決めてください。
　次ページに挙げたように、ひとくちに「コンクール」と言ってもいろいろなコンクールがあります。費用も、参加費、入場料の他、課題曲の購入費、付属のCD、

第3章　コンクール

◆**吹奏楽コンクールの種類**（2011年現在）

★**新聞社、吹奏楽連盟主催のもの**
- **全日本吹奏楽コンクール**（全日本吹奏楽連盟／朝日新聞社）……地区予選（ない県もあり）7月、県大会8月、支部大会8～9月、全国大会10月（会場は中学、高校は東京・普門館、大学、職場・一般はその年による）。小編成部門は県や支部によりいろいろな実施形態がある。大編成は課題曲・自由曲で12分以内、全国大会まで進める。参加費数万円、一回ごとの入場料は有料。編成に人数制限有り。全国の吹奏楽連盟加盟団体が参加。
- **中部日本吹奏楽コンクール**（中日新聞社）……県大会7月、本選10月（本選会場は各県持ち回り）、小編成、大編成の部とも、課題曲、自由曲。参加費数万円、入場料は無料が多い。編成に人数制限有り。愛知・岐阜・三重・静岡・長野・福井・石川・富山・滋賀・名古屋市のみ参加可。
- **東日本学校吹奏楽大会**……全日本吹奏楽コンクール支部大会小編成部門（B部門）に出場した金賞団体で、東日本に属している団体の中から出場できる。10月（会場は6支部の持ち回り）。自由曲のみで7分以内。参加費数万円、入場料、有料。北海道・東北・東関東・西関東・東京都・北陸の吹奏楽連盟加盟校のみの参加。

　　※各コンクールは支部や地域により、同じ名称であっても形態が異なり、年によっても変化します。ご自分の支部・地域を確認してください。

★**放送局主宰のもの**
- **TBSこども音楽コンクール**……一次はテープ審査6月、地区予選7～8月、優秀賞をテープ審査、ブロック大会12月、最優秀賞をテープ審査の結果、全国1位（文部科学大臣賞）を翌年1月に発表。参加費無料、入場料無料、課題曲なし、自由曲のみ、編成自由、全国から参加可。

★**その他**
- **日本管楽合奏コンテスト**……一次予選、テープ審査、9月。本選10月（会場、東京）、A編成、B編成ともに、課題曲なし、自由曲のみ。編成自由だが、人数制限有り。参加費7000円。入場料、有料。全国から参加可。

DVD購入費、プログラム代、交通費、宿泊費など、高額になるものもありますので、よく検討してください。

委細は、毎年、要項が発表されますので、連盟からのお知らせだけでなく、先生も直接、インターネットなどで確認なさってみてください。

提案その❸　出場までのおおまかなスケジュールを確認しましょう

3月頃……どのコンクールに出場するかの決定
4月頃……課題曲の発表と、購入、練習開始
5月～6月頃……自由曲決定と、メンバー確定。申し込み。抽選会。
7月～8月……予選や県大会
9月……予選、支部大会
10月……本選

この流れの中で、今年の子どもたちにとって無理のない範囲で検討なさることがよいと思います。

提案その❹ コンクールに出場する「意義」を確認しましょう

どのコンクールに出場するのかを決定したら……今度は、子どもたちの「心」に目を向けてみましょう。「何のためにコンクールに出るのか」を、しっかりと確認してください。それが例えば「金賞をとって、名をあげたい」ではいかにもうわべだけの感じがします。大切なことは「子どもたちの心の成長の糧」になる「何か」を探すことです。例えば「チームワークの大切さ」「頑張る気持ちと耐える気持ちを克服して、強い精神力を養う」「自分の得意で、仲間の不得意をカバーし、協力して物事に取り組む姿勢を養う」「最善まで努力する、実体験を経験させる」などです。金賞が目的であれば、どんな努力も、金賞でなければ報われず、挫折感が残ります。しかし、心の成長を目的にすれば、たとえ何賞であっても、その導き方次第で、十分な達成感を味わうことができるのです。

提案その❺ 自由曲は実力に見合った選曲をしましょう

初めてコンクールに出場する場合、特に注意したいことが、「実力以上の選曲をしない」ということです。先生は、ご自分が演奏者として何度もコンクールに出ていらっしゃるので、頭の中で「あれがしたい、これも演奏してみたい」というものがあると思います。しかし、それらが必ずしも、現在のチームの実力に合っているとは限りません。客観的に、人数や、個々の技量を判断し、「チームに今、つけたい力」を考慮してください。例えば「ピッチをしっかりと合わせる力をつけたい」「長いフレーズを音楽的に歌わせたい」などです。そういう視点に立って選曲を進めれば、難解な曲でなくても十分にチームの力を伸ばし、実りの多い選曲ができると思います。

提案その❻ 練習の仕方を工夫しましょう

コンクール練習に入ると、何か月もの間、課題曲・自由曲の１～２曲に集中的に取り組むことになります。計画的な練習と、計算された効果をねらった練習が必要になります。また、その中にあっても、コラールやマーチ、他の簡単なポップスなど、レパートリーを広げる活動も同時にしておきたいと思います。他の曲を練習することで、コンクール練習にも必ずプラスの効果が出ます。もちろん、どんなときでも基礎基本。デイリートレーニングや基礎合奏も積み重ねることは重要です。詳しいコンクール練習の方法は、131ページ「コンクール直前にやること１」～138ページ「コンクール直前にやること２」を参考にしてください。

第3章　コンクール

提案その❼　部員や保護者に、コンクールを理解してもらいましょう

　初めてコンクールに出場する場合、部員たちはもちろんですが、保護者も「コンクールって何?」と、よく理解できないものです。部員たちには、自分たちが出場するコンクールの実際の映像を見せたり、音を聴かせたりして、想像力を高めましょう。そして、その演奏に至るまでには「どんな努力が必要なのか」を、ミーティングなどで確認し合いましょう。その場合、「勝つ」とか「負ける」とか、闘争心をあおるような言葉は、指導者として控えたいものです。音楽は「表現の場」であり、「勝負の場」ではないからです。

　保護者に向けては、保護者会などを開催し、同じく映像を見せ、子どもたちの意見を伝え、「本気で頑張る気持ち」を伝えるとよいと思います。また、指導者として、子どもたちにつけたい「心の成長」についても熱く語ってください。特に、コンクールは費用がかかるものですから、保護者の理解は必要です。そして、ひとりでも多くの保護者、関係者に、当日、ご来場いただき、子どもたちの様子をご覧いただき、来年度へつないでゆきます。

提案その❽　けじめをつけた終わらせ方をしましょう

　コンクールが終わったら、そのまま次へ進むのではなく、きちんと「終わる」儀式をすることをお勧めします。最初が肝心です。お世話になった方々へのお礼状を書く、取り組みへの反省、コンクールに出て学んだこと・良かったことなどをまとめて文集にする、など、きちんと「評価・総括」をしてから、次へ進みましょう。子どもたちの「感謝」の心を育み、「達成感」の確認になります。ここも詳しくは150ページ「コンクールの終わり方・終わらせ方」を参考にしてください。

　演奏者として出場することと指導者として臨むコンクールは、基本的に異なります。先生にとってもひとつひとつが経験であり、学びの場になるはずです。最初から大きな目標やステップアップを望むのではなく、コツコツと積み上げてゆく忍耐と努力が、指導者には要求されると思います。

　先生と生徒さんたちにとって、達成感のある、思い出深いコンクールとなりますよう、お祈りしています。

コンクールで心を育てる

コラム

　私は、毎年、コンクールになると、子どもたちに話していたことがあります。

　「コンクールの舞台には、頑張らないで上がるチームはない。
　みんな努力して、金賞目指して、良い演奏をしたいと頑張ってきているのです。
　だから、発表のとき、もしも自分たちが「金賞」をいただけたとしても、キャーキャー大騒ぎをしてはいけません。その声で傷つく人もいるのです。
　あなたがたが狂喜乱舞している隣では、涙をこらえている仲間たちがいることを忘れてはいけないのです。
　たまたま……金賞をいただけたら……それは、ありがたいことです。
　おかげさま……なのです。
　金賞をいただいて喜んでいる人は、そうでない人たちの「おかげさま」で、金賞なのです。
　どのチームも、これまでにしてきた努力に「差」はありません。気持ちに「差」はありません。
　心の中で喜びをかみしめ、「ありがとうございます」と、心で言えばいいのです」

　……だから、私たちは、結果発表のとき、いつも「静か」でした。その様子を見ている人たちの中には「生意気だ」「○○中学は、金賞で当たり前と思っているから、喜ばないんだ」……と言う人もいました。しかし、それはまったくの誤解でした。まちがいです。
　子どもたちも私も、心の中では、喜びをかみしめ、感謝の涙を流していたのです。
　子どもたちは「私たちでいいんですか……」と、きょとんとしています。
　それは、全国大会に出させていただいても、変わらないのです。
　全国大会の結果発表のあと……普門館の上の階の、誰もいないところで、みんなで「ありがたい」「ありがたい」と言って泣いたこともあります。

　閉会式が終わります……すると、今度は全員でレジ袋を手に、会場内の「ゴミ拾い」をしてから、退場します。
　一日会場を使わせていただくにあたっては、たくさんのみなさんが、見えないところで支えてくださっています。私たちが帰ったあとも、まだまだお仕事は残っています。せめて、ゴミ拾いをさせていただいて、感謝の心を表しましょう。

　そして、外に出ます……。
　もう一度、演奏させていただく機会を与えていただきました。
　本当によかったね。
　ありがたいね。
　今日まで、お世話になったたくさんのみなさんに、感謝しましょう。
　ここで終わった仲間たちの分も、良い演奏目指して、明日からまた頑張りましょう。

第3章　コンクール

　だから……練習がますますきつくなっても……それは「当たり前」なのです。

　これは、「きれいごと」を言っているわけではありません。私にとっては、「コンクールを利用して」子どもたちの「思いやり」「心を育てる」ための「儀式」なのです。

　コンクールとは、演奏だけでなく、「思いやり」を育てる、良いチャンスだと私は思います。思うような結果が出なかったときも……それを、どういう気持ちに導いてゆくか……それは、指導者の責任だと私は思います。
　子どもたちは、大人が考える以上に、素直で、タフです。指導者の「言葉」で、すべてが変わります。

コラム　コンクールの『舞台裏』

★コンクールの「舞台裏」

　コンクール……私たちは、いつも「自分たちが」出場することだけを考えます。しかし本当は、その「舞台裏」では、大勢の人たちが、私たちの目に見えないところで、たくさんの努力をしてくださっています。

　私たちが出場する、夏のコンクール、また冬のアンサンブルコンテスト等々……タイムテーブルにそって動き、誘導されて舞台に上がり、演奏する。演奏が終わったら、写真を撮って、楽器を積み込む。指定された場所でお弁当を食べ、指定された場所に楽器や荷物を置き……これらのことが「普通に」「当たり前に」できるのは、実はすごいことなのです。
裏でたくさんの先生方や、お手伝いの方々が、想像を絶する御苦労をなさって、初めて実現していることなのです。
　●**舞台係**……これは、みなさんの目に一番よく見えます。舞台のセッティングをしてくださる方々です。しかし、このセッティングがまた難題です。きちんと図面を書いてこない団体があるからです。コンクールのセッティング時間は、だいたい３分前後……時間との戦いなのです。
　●**会場係**……受付、各種書類の振り分け、楽器置場の管理、見回り、混雑時の誘導、ドアマン、ゴミ拾い、各種案内……客席を回って「携帯の電源はお切りください」というプラカードを持っている人もそうです。満席時に保護者の方から「なんで、うちの子の演奏を聴けないんだ」と文句を言われる役目もします。

- **チューニング・誘導係**……チューニングを時間通りに進めるために、ついていてくれます。みなさんが、まちがえないように、確実に舞台袖まで誘導してくれます。
- **集計・計時**……集計は、審査員の採点を短時間で正確に集計します。計時は、1団体ごとの演奏タイムが制限時間内かどうか、ストップウォッチで計る人です。集計の先生は、パソコンを持ち込み、部屋に閉じこもります。その結果を閉会式直前に賞状に書き込む人も、時間との戦いです。
- **会計**……参加費の集金、プログラム代金、入場料のとりまとめと管理、各演奏団体の著作権料の計算と支払い、ホールの精算……お金に関するあらゆることをします。緊張を強いられる、責任重大な仕事です。
- **審査員係**……審査員のお茶、食事のお世話等の接待をします。審査員は、疲れきっている中、短時間の休憩しかありません。そこで、少しでもリフレッシュしていただくために、最善の気配りをします。これも時間とタイミングの勝負です。
- **搬出入係**……トラックの誘導、合理的な搬出入を指示します。慣れない学校の生徒たちには、係総出で、その学校の積み込みをしてあげなければなりません。重労働かつ、時間との勝負です。
- **駐車場係**……一般車・バス・トラックの誘導です。暑さ・寒さ・雨・雪……過酷な戦いです。
- **リペア**……楽器店さんが、緊急の場合の修理に備えます。
- **救護**……急病者に備えます。
- **照明、音響等の舞台スタッフ、司会の影アナウンス**……地区によっては、まだまだたくさんの係があります。

★実行委員組織

すべての係は、地元の先生方や吹奏楽連盟の役員の方々で組織する、実行委員会で動いています。みなさんそれぞれ、自分のバンドもコンクールに出場するわけですから、仕事をしながら、練習にも通い、指示も出しながら、自分のチームも動かす……という「離れ業」をしなければなりません。これは本当に、「経験した人でないと」分からないくらいの大変さです。

このように「当日だけ」でも、多くの方々が、みなさんのために動いてくださっています。さらに、引率してくださる先生、保護者、卒業生など……すべては、私たちが「結果だけ」で一喜一憂するためにではなく、「最善を尽くして悔いのない演奏」をするためだけに頑張ってくださっているのです。

ありがたいことだと、私はいつも感謝しながら、子どもたちにも話して聞かせて、自分もコンクールに出させていただいていました。

よく、閉会式のごあいさつで「今日一日、お世話になったたくさんのみなさんに、拍手でお礼を言いましょう」と言われ、会場から拍手が起きます。みなさんも、そんなことを頭に入れて、コンクールに臨むと、その拍手にも、もっと気持ちがこもると思います。

「感謝」って……
音楽には、かかせない調味料なのです……
どうぞ良い演奏を……

コラム　審査員の仕事

★コンクール「審査員」の仕事

　私は、夏や冬に、毎年、コンクールの審査員をさせていただいています。自分も審査される立場にあったときからお引き受けさせていただいていた理由は、ものすごく「自分の勉強」になるからです。

　同時に、一流の演奏家でもなく、立派な作曲家や大学の先生でもない自分が、現場を知る者として、ひとつの視点を持ち、少しでも子どもたちのこれからの音楽活動のお役に立てればうれしいと思うからです。これは、審査員になったら、それぞれの立場から、どなたでも思うことだと思います。

　一般的に、審査は「芸術点」「技術点」を加えて得点化します（全部一緒の県もあります）。審査のとき、留意することは、審査員によって様々な考え方がありますが、いろいろな審査員の先生方ともお話させていただくと、一般的には、次のようなことです。なお、以下は、あくまでも「私見」であり、特定のコンクールを指すものでもありません。

★「音楽」があるかどうか

　これが一番大事です。ただ楽譜にある音を羅列しても、そこには意思も表現もないからです。フレーズが生き生きとたっぷりと歌えているか。いろいろな音色で、色彩感や立体感があれば、それは必然的に音楽的な演奏になります。

★「表現」が適切かどうか

　近年では、クラシックの編曲ものを、自由曲として演奏する団体が多くなっています。その場合、もともとの作曲者の時代、様式、表現されるべきものが問われます。時間内に演奏するためには、どうしてもカットしなければならないわけですが、そこにも必然性や説得力が求められます。

　吹奏楽のために作曲されたオリジナル作品でも、あまりに誇張した表現や、反対に消極的な表現は評価されにくいと思います。

★技術はどうか

　ピッチ、ハーモニー、バランス、ブレンド……いわゆる「縦の線」と「横の線」のことです。各楽器の技術も大事ですが、それが全体の中でどう生かされているかを見ます。

★出だしが大事

　頭ではいろいろと理解していても、最初に「グシャッ」とか「ガシャガシャッ」と出てこられると、なかなか音楽を聴こうというところまでゆきません。課題曲も、自由曲も、「どういうサウンドで始めるか……」、これがとても大事です。

★どう点数化するか

　それは、県や地区の吹奏楽連盟によって様々です。私たち審査員は、その地区のやり

方に従って、評価をしてゆきます。
　集計結果、点数分布、素点一覧も、見せていただけるところと、そうでないところがあります。

◆採点はされないけれど、大切だと思うこと

★指揮者の指揮
　これは、採点には入れません。しかし、「この指揮でどうしてこの演奏になるのか」「この指揮だから、この演奏になるのだ」など……残念な場面に多く出会います。
　指揮者に、明確に「したいこと」があり、それが演奏者に伝わり、それをまた指揮者に返す……こういうオーラのあるやりとりがあれば、それは音楽的表現にもつながります。

★セッティング、出入り
　ここまで見ている審査員がいるかどうかは分かりません。また、採点に入れる人も、入れない人もいます。
　しかし、上手なバンドはここが違うのです。それは大編成でも、小編成でも同じです。特に打楽器のセッティングでは、生徒たちがサササッと「練習通りに」並べ、指揮者は見ているだけです。時間もあっという間です。
　指揮者が舞台上でバタバタと動き回り、生徒たちは立って見ているだけ……というバンドは、こういう練習をしてきていないことが分かってしまいます。
　うなだれて出てきたり、私語をしながら出てきたり、終わったあと、やれやれ……という感じで出て行くチームも、それなりの演奏のことが多いようです。

★「大きな音」と「鳴る音」は違う
　豊かに、しなやかに「鳴る音」は、fffでもうるさくはありません。
しかし、何か「勘違い」をして、「どれだけ大きな音が出せるか競争」のような演奏にたびたび出会います。打楽器も含めて、これは、指導者がしっかりと考えなくてはならないと思います。

……これらも含めて、人間全部が出るのが「音楽」です。審査員の心にも、いろいろなメッセージは届くと思います。
　演奏なさるみなさん……審査員も頑張ります。みなさんも、頑張ってください。
　何よりも、会場のお客様が「感動」するような「良い演奏」を、心を合わせてなさってくださいね。

第3章 コンクール

全員参加か、メンバーを絞るか

> **相談ファイル**
>
> 私の地区では、そろそろ夏のコンクールの申し込みが始まります。昨年は1年生も入れて大編成で出場しました。しかし、結果が「銅賞」だったこともあり、先輩の先生や保護者たちからは2・3年生にメンバーを絞って小編成に出場し、良い賞をねらったらどうかと言われています。現在、2・3年生で39名の部員がいます。大編成にするか、小編成か、悩んでいます。どんな編成で出場すべきでしょうか。 （中学校・音楽科・30代・女性）

　なるほど……「今年はどの編成でゆこうか」と悩んでいる先生方は、意外と多くいらっしゃるのではないでしょうか。

提案その❶ どんなねらいで編成を組み、コンクールに出るのか？　〜目的を確認しましょう〜

●全員参加で出る場合……コンクールに向けての練習過程を経験させたい。今年度のチーム作りに役立てたい。チームワークを作りたい。支え合いや、助け合いを学ばせたい。
●人数を絞って出る場合……手堅く「賞」をねらいたい。1年生（初心者）に無理をさせず、じっくり育てたい。
……など、いろいろな「ねらい」や「理由」を明確にしましょう。そして同時に過去も総括してみましょう。これまで出場した編成で、本来の目的は達成されてきたのか。問題点は何か……そうしたことを考えてみると、今年の「形」が見えてくるのではないでしょうか。

提案その❷ 指導者としての「軸」がブレないようにしましょう

　先生が「自分の意見」を持っていたとしても、それが短期間で変わったり、他人の意見に左右されたりしていては、生徒が戸惑います。また失敗した場合も、その原因を他人のせいにしたり、後悔したりして、自分に逃げ道を作ってしまうことにもなります。コンクールはあくまでも部活動の「過程」のひとつです。この部活動

125

を通じて、「3年間で何を身につけさせたいのか」「どんな人間に育ってほしいのか」という、巨視的な「指導の軸」をブレさせないことが大切だと思います。

提案その❸　どんな場合も、結局は「子どもたちのために」

　全員参加でも、人数を絞るにしても、コンクールに出るからには、どのバンドも気持ちは金賞を「目指して」努力するわけです。しかしそのことが「目的」になったとき、教育的な意義は飛んでしまいます。つまり前に挙げた「手堅く賞をねらう」ことは、正確には「ねらい」とはならないということです。なぜならば、もし目的が達成されない場合、挫折感や無力感、後悔を生む原因になってしまうからです。どちらを選択する場合も、子どもたちの可能性を伸ばし、未来に良い影響を残す終わり方にすることが、指導者の役割だと思います。

提案その❹　全員を出場させ、大編成にする場合

　当然、楽器を始めたばかりの初心者をメンバーに入れることになります。この場合、注意しなければならないのは、初心者に無理をさせて、基礎的な力を養成しないまま、奏法上の誤ったクセをつけさせてしまったり、「自分はダメな部員なんだ」と挫折感を与えたりしないようにすることです。上級生の態度によっては、自分は「足手まといだ」と思いこみ、意欲を失ってゆくことも考えられます。これを回避するためには、上級生の心の持ち方、指導の方法、言葉かけへの顧問による指導がポイントとなります。上級生たちに、自分の楽器の調の音階がやっと吹けるようになった段階で、課題曲や自由曲の楽譜を手にする1年生の気持ちを考えさせましょう。「教えることは、自分が教わること」……上級生たちが、親切に教え導き、根気良く努力することが何よりも尊いことだ、と教えてあげてください。

　結果としてすべて演奏できるようになる子もいれば、吹けるところが限られてしまう子もいます。それをカバーするために、上級生の「実力」が要求されることも理解させましょう。指導者の導き方が良いと、上級生たちは、2・3年生たちだけで演奏していた以上に技術を磨き、サウンドやアンサンブルが向上します。1年生たちは、自分がたいして吹けなくても、コンクールに向かう真剣な思い、最善を尽くす緊張感を体感し、先生や先輩たちとの距離も近くなり、彼らなりに頑張ることができるようになります。学び合い、支え合い、信頼感の高まりなど、これらの体験を通じてチーム全体が向上します。

提案その❺　人数を絞り、小編成にする場合

　ここでの問題は初心者ばかりでなく、経験者でも出場できない生徒が出てしまうことです。そのままにしておけば、メンバーとそうでない子との心に距離ができ、

第 3 章　コンクール

コンクールが終わったらチームがバラバラ……になりかねません。それを回避するためには、出られない子にも「光」があたる役目をしっかりと与えることが、ポイントとなります。とくにそれが上級生の場合は、例えば1年生指導のリーダー的な立場を与える。1年生のみで合奏するときの指揮者にする。スコアを作ったり録音を担当させたりする……などの役割を作ります。その上で本人と面談をし、「あなたにしか任せられない仕事」について理解と納得を得ることが大切です。また保護者にも連絡して、家庭からも精神的なサポートをお願いしましょう。1年生たちには明確な課題を与え、それを指導者もしっかりとチェックして、モチベーションを高めてあげましょう。そうすることでコンクール後、チームの再編成が順調になり、次のステップに向けての練習に対する意欲が高まります。

提案その❻　新入生を主役にする工夫

　どちらの場合も、まずは入ってきた1年生に「楽しさ」を感じさせてあげたいものです。6月か7月初旬頃に、1年生が主役になれるミニコンサートをしてみてはいかがでしょうか。できる曲を1年生が演奏し、それを上級生がサポートします。その場で課題曲も自由曲も披露します。そうすることで1年生たちは「入部してよかったな」と前向きになり、コンクールも含めた次のステップに進めると思います。詳しくは第2章、67ページをご覧ください。

　先生がご自身の軸を確認されて、子どもたちにとっての「良き決断」をなさるようにお祈りしています（言いたい人には、言わせておきましょう。大丈夫です!!）。

コンクールの選曲

> **相談ファイル**
>
> 吹奏楽部の顧問になって、5年目です。周囲の学校から、コンクールの自由曲を決めたとか、課題曲は何番にした、などと聞くたびに、まだ何も決めていない自分が不安になります。正直、どうやって選曲したらよいか分かりません。選曲のポイントや、方法について、教えてください。
>
> （中学校・音楽科・20代・女性）

　これは、私も毎年、悩み続けながらの歩みでした。早いチームだと、前年度のコンクールが終わったらすぐに、来年の曲を決めていることもあります。だいたいは、その年の4月～5月くらいに決めるところが多いようです。「今年の課題曲はどれにするの？」「自由曲は決まった？」と、季節のあいさつのようになり、先生の焦る気持ちはよく分かります。

　いろいろな方法があると思いますが、その1例をご提案させていただきたいと思います。

課題曲について

　毎年、全日本吹奏楽連盟から発表される課題曲。また、他のコンクールでも、課題曲を設定しているところもあります。これらを、まず「聴いた印象」だけで判断しないことをお勧めします。

提案その❶　指導者が、スコアを勉強しましょう

　勉強とは、アナリーゼをするという意味です。しかし、専門的なアナリーゼはちょっと苦手ということもあると思います。その場合は、自分のチームの現状を考えて……「音域は適正か」「フレーズに流れがあるか」「無理なハーモニーの組み立てはないか」「拍子はどうか」「調性はどうか」「リズムはどうか」といった着目点から、じっくりとスコアを見てみてください。耳からではなく、目から入る情報がきっとたくさんあると思います。

提案その❷ 可能な限り、全曲、音に出しましょう

　聴く・見る……に加えて実際に演奏してみると、ずいぶん印象が変わってきます。あくまでも「可能な範囲で」ですが、子どもたちの勉強にもなります。指導者にしてみれば、簡単と思っていたところで苦労したり、無理かなと思っていたところが案外すんなり演奏できてしまったり、新しい発見があります。また、お手本のサウンドと、自分のチームとのサウンドの差も実感できます。

提案その❸ 自由曲との兼ね合いを考慮しましょう

　演奏には制限時間があります。まず自由曲を決定し、時間的なこと、音楽的色合いなどを考慮して決めます。

提案その❹ 決めたら、好きになる努力をしましょう

　課題曲は自由曲と異なり、「演奏したくてしている曲」とは限りません。だからこそ、選曲をしたら、その曲を好きになる努力をします。指導者がまず、「この旋律が好き」とか「このリズムがいい」など、本気で「良い点」を発掘すれば、それは必ず子どもたちに伝わり、より積極的な練習意欲へとつながります。

おまけ…… 課題曲による、有利・不利はありません

　あってはならないことです。また、そんな審査員はいません。あるのは「完成度」の差です。課題曲は比較しやすいから、課題曲なのです。完成度を高め、音楽的な不自然さを極力取り除き、良い演奏を目指してください。

自由曲について

提案その❺ 今年のチームの力を「客観的に」分析しましょう

　新入生は未知数ですが、2・3年生の技術的・音楽的な個々の力量と、全体の力を客観的に把握します。ソロのとれる部員がパートに何人いるのか。センスの良い部員がどの程度のリーダーシップをとれるのか。追い詰められたときに、チームをまとめる人材はいるのか……様々な角度から分析します。すると「今年のチームにつけたい力」が見えてきます。そして実際の選曲にあたってのハードルは、その現状より少し上に設定します。

提案その❻ たくさんの演奏を聴きましょう

　自分のだいたいの好みがあれば、その周辺で……まったく心当たりがなければ、片っ端から……新曲、過去の全国大会、グレード別、作曲家別、クラシックなどのCDを聴いてみましょう。どこかの演奏会に行って、感動した演奏もチェックしておくとよいと思います。

提案その❼ 「やりたい」＝「できる」とは限らない

　たくさん曲を聴いて「いいな」と思った曲は、どんどん書き出してみましょう。そして自分のチームにつけたい力や、現状と比較して、検証してみましょう。全国大会の演奏や、プロの演奏は確かにすばらしいものですが、音楽的・技術的に、果たしてそれが自分のチームに適切かは冷静な判断が必要です。

★安易に「流行りもの」に手を出さない

　そのためには、選曲にあたって、経験のある先輩に意見を伺うことも大切だと思います。流行っているから、多くのバンドが取り組んでいるから、という理由で、安易に手を出すことはお勧めできません。

提案その❽ 経済的なことも考慮しましょう

　数曲に選曲を絞ったら、今度は費用のことも検討します。売り譜ならば数千円〜。レンタル譜であれば数万円〜、なかには1回の演奏ごとに費用がかかる場合もあります。著作権が現存している作曲家の作品を編曲する場合は、その作曲家の版権を持っている出版社に編曲許諾の承認を得るとともに使用料がかかってきます。楽曲や編曲を委嘱する場合には、数万円〜数十万円の費用がかかります。だからといって、不正な方法で楽譜を入手することは、絶対にしてはなりません。

　選曲に特別な方法はないのだと思います。地道にコツコツ……それを年々積み上げて、先生の「財産」として蓄積してほしいと願っています。

第 3 章　コンクール

コンクール直前にやること1

> **相談ファイル**
>
> コンクールの地区大会目前となりました。「悔いのない演奏を」、「頑張ることに意味がある」、「今年こそは良い成績を残そう」と、部員たちには話をして、やる気に満ちた出発のはずでした。卒業生たちも応援で指導に来てくれています。しかしここにきて、毎日練習に励んでいる部員と、塾などで休みがちな部員の間で意識の差が出たり、友人関係のトラブルからメンバーが突然、「退部したい」と申し出てきたりするなど、気持ちがバラバラで空中分解しそうです。私も焦れば焦るほど、イライラし、うまくまとめることができません。保護者の期待もプレッシャーに感じるようになりました。コンクール直前の部のまとめ方を教えてください。　　　（中学校・国語科・40代・女性）

　お気持ち、お察しいたします。小さな子どもは、親が忙しいときに限って発熱したり、病気になったりしますね。あれと一緒です。顧問もチームもテンパっているときに限って、わざわざ問題を起こしてくれる部員、狂ってゆく歯車……「どうしてよぉ??」と叫びたい。
　大丈夫！　こういうときこそ、落ち着きましょう。物事には、必ず原因があるのですから。

提案その❶　指導者が、コンクールに出る具体的「理由」を明確にしましょう

　まずは、ここをご自身で明らかにしてみましょう。「前任者の時代から出場していたから」、「勝ちたいから」、「生徒が出たいと言うから」、「保護者から出てほしいと言われているから」、「コンクールに出ないとだらけるから」、「何となく……」。いろいろとあると思いますが、これらはあくまで「きっかけ」であり、ここでは、指導者としてコンクールに取り組む明確な「理由」「目的」を考えてみてください。
　私は"コンクールは利用するもの"だと思っています。例えば「チームワークを高めたい」、「正しいピッチを身につけさせたい」、「音楽的な表現を身につけさせたい」、「仲良く、支え合う人間関係を作りたい」、「自分の限界に挑戦させたい」、「質の良い音作りを経験させたい」など、今年のチームにつけたい「力」を仮定し、それをコンクールを使って実現させるのです。もちろん「金賞」を目指して頑張るわ

けですが、現実には「良い演奏＝金賞」とはゆきません。大切なのは、これからの自分のチームに必要な力がついたかつかなかったか、という評価基準をご自身で設定することです。そうすれば結果に左右されることなく、子どもたちをきちんと評価してあげられると思います。考えてみてください。必ずあるはずです。

提案その❷　やる気を高める具体的な手だてを作りましょう

いくらやる気に満ちた出発をしても、子どもの気持ちを「気合いと根性」だけで保つことは困難です。具体的な「しかけ」でモチベーションを高め、維持することが大切です。

★巨大な出欠表を作成する

夏休みに入った日から本番までの間の、部員全員（メンバーでない部員の分も）の巨大な出欠表を、模造紙を何枚も貼り合わせて作ります（今は「かくだい君」のような便利なコピー機もありますが、手書きに意味があります）。これは部員が作ります。そこに、ひとりひとりの遅刻・早退・欠席の予定をあらかじめ入れておき、実際に出席したらハナマルをつけてゆきます。3年生については受験のための夏期講習もありますから、なるべく同じ時間帯に一斉にいなくなるように予定を合わせてもらいます（私は夜間の部に申し込むように前もって話しています）。そうすることで部活に出る競争心が高まります。

★練習計画表を大きく書いて張り出す

これは顧問が作ります。○日までに課題曲の暗譜完成、○日までに自由曲のインテンポ演奏完成などと、具体的に細かくカレンダーを作って内容を書いて張り出すのです。そのなかには、体育館練習や、ホール練習も書いておきます。そうすることにより、部員たちは日々の練習の具体的目標が定まり、自分のしていることが先生の予定に合っているか、遅れているのかを自覚できます。

★日めくりカレンダーを大きく掲示する

これは部員が作ります。「本番まであと○日」、「あと○時間」と書いた日めくりをドーンと掲示して緊張感を高めます。サブ日めくりとして「体育館練習まであと○日」とか「ホール練習まであと○日」というのも作って掲示できればベストです。

★「目標達成シート」に記入させ、全員分を張り出す

コンクールまでに自分が毎日やるべきこと、家庭で続けるお手伝い、失敗を打ち消す言葉、成功を導くジンクス、目標を達成できたときの自分の気持ち、できなかったときの自分の気持ち、友達にかけてほしい言葉など、「目標達成シート」を顧問が作り、そこに記入させ、コピーして、1枚は本人に、1枚は全員分を廊下などに張り

第3章　コンクール

出して互いの気持ちを知り、励みにしてゆきます。具体的な使い方は、この項の最後に記します。(136〜137ページ参照)

提案その❸　楽曲を仕上げるための工夫をしましょう

★曲に「物語」を作る

　自由曲は、それぞれのお考えで選曲されたのだと思います。その曲には必ずプログラムノートがあり、作曲者の意図や楽曲の背景などがあります。しかし、それをそのまま部員に伝えても、深く考え掘り下げることのできるメンバーは極めて少ないと思います。また一般に中学生では、喜歌劇や現代曲は難解であり、悲劇や情景描写は理解しやすい傾向があります。

　そこで私は、まずは、自分がしっかりと楽曲についての様式研究やアナリーゼをした上で、その曲の本来の意図とは別に、ストーリーをこちらで作ってしまうことが多くあります。指導者として想像力を働かせ、その年のチームのレベルで理解しやすい「物語」を作り上げ、演奏者である子どもたちひとりひとりに役作りをさせてゆきます。例えば「君のこのフレーズは悪者をやっつける正義の味方」、「あなたのこの伴奏は高原を爽やかに駆け抜ける涼しい風」、「君のこの一発は突然の雷」という具合にです。結果として、演奏する音に「意志」が生まれ、説得力のある楽曲に仕上がってゆきます。

★様々な媒体を使って想像力を高める

　一見、楽曲とは全然関係がないものも使って想像力を高めてゆきます。「絵画」、「絵本」、「写真集」、「バレエ・オペラ・映画」などの映像、「室内楽・オーケストラ」の映像と音などです。こういうもののなかから、あらかじめ指導者の方で、その楽曲を表現するために必要と思われる「色合い」「風景」「質感」「表情」「タッチ」など、なかなか言葉では説明できない部分を抜き出しておいて、そこを子どもたちに見せてゆきます。資料集めは、ＯＢに頼んでもいいと思いますし、図書室に行けば何かしらあるものです。

　①、②を子どもたちに伝えるためには、指導者自身の曲に対するアナリーゼや想像力が必要とされます。いかにこちら側の「引き出し」が必要か、ということです。大変なことですが、それはそのまま、指導者としてのスキルアップにつながります。

提案その❹　本番までに、2回の「10回通し」をしてみましょう

　「10回通し」とは、課題曲と自由曲をセットにして、続けて10セット演奏し続ける練習のことです。全日本吹奏楽連盟のコンクールの場合は12分ですから、最大で120分、インターバルを曲間に2分ずつ入れたら160分かかる計算になります。真夏の40度以上に熱くなった体育館でこれをすることは「命がけ」です。これを本番の

133

1週間前に1回します。このときはもう体力も気力もボロボロで、時間も3時間以上かかってしまいます。それでもやります。

そして、本番前日に、もう一度、最後の10回通しをします。すると、これが信じられないことに、回が進めば進むほど、楽しく、自由に解き放たれてゆきます（うそではありません）。すると、<u>翌日の本番の舞台がとても楽しく、結果がどうあれ、やり遂げたという達成感で満たされるのです。</u>「おがた先生だからできるのよぉ」とよく言われます。でもそれは違いますっ。以前ご紹介したところ、実際になさった方々からは、「大変でしたが、本当にその通りになりました」、「先生、本番が楽しいと思ったのは、生まれて初めてのことでした」というお言葉を頂戴いたしました。

この練習のもうひとつの良いところは、<u>指導者の指揮者としての姿が良くなる、</u>ということです。私は1回ごとに、少しずつ指揮を変えてゆきます。どんな棒がチームとしっくりくるのか？　自分で納得できるのか？　それを確かめながら進めます。もちろん、部員も指導者も暗譜しています。するとアイコンタクトがスルスルとできるようにもなります。ときどきコンクールで見受けられる、演奏は上手なのに指揮者が……ん？　何か変？　……ということはあり得なくなるのです（失礼）。どうせ夏は暑いのです。いい汗かいてみませんか？

提案その❺　必要ならば焦らずに話し合いましょう

　友人関係のトラブル。自信をなくして。練習がしんどくて。先生の言い方、やり方についていけない。……今までの人生において、追い詰められた経験のない子どもは、いろいろな理由を探し出して「辞めたい」と言います。そういうときは、焦らずに、ゆっくりと話を聞いてあげてください。急がば回れです。まず全部聞いてから、これまでの人生で経験したことのない、すばらしい経験を今していることに気付かせてあげてください。<u>頑張っているからこそ、追い詰められたのだと褒めてあげてください。</u>保護者にも話の内容を伝えて、側面から助言していただけるようお願いしてみてください。そこまでやってもダメな場合は、仕方ありません。直前にメンバーが抜けたショックはチーム全員に広がります。ミーティングをして、正直に内容を伝え、その人の分も頑張ろう、という雰囲気になる努力をすることが大切だと思います。

★直前に大切なのは技術よりも心です

　保護者には積極的に練習を公開しましょう。卒業生たちに感謝しましょう。部員のミスを叱るよりも、良い表情をした瞬間を褒めてあげましょう。体力が落ちてきてお弁当を残すようになりますから、部で常温のポカリスエットやウイダーインゼリーなどの飲料や、バナナを用意して部員に食べさせましょう。怒るときも、喜ぶときも、本気でゆきましょう。なりふりかまうことをやめましょう。……そういう先生の姿勢と心は必ず子どもたちに伝わります。

第3章　コンクール

先生と子どもたちが、心をひとつに良い演奏ができることをお祈りしています。

> **顧問のひとりごと**
>
> 真夏の暑い体育館……抜けるような青空に、美しかった飛行機雲。
> 西日のあたる廊下……あと1週間で本番なのに、泣いて引きとめる仲間の手を振り切って辞めていったあの子。
> 冷房のない音楽室……汗ビッショリに何の効果もなく回っていた扇風機。
> ひとりの準備室……「ふざけるな、バカヤロー」と泣きわめいて叩き付けたスコア。
> 本番の舞台……幸せで時が止まればいいと本気で思えた。
> 　　　　　　　キラキラと輝いていた子どもたちの瞳。
> あんなことも、こんなことも……いろんなことがあった夏。
> しかし、同じ夏は二度とは来ない。
> ただ繰り返すだけの夏にしてはいけない。
> 子どもたちの可能性をいっぱいに花開かせて、とびっきりの思い出に残る夏にしたいと、いつも思う。……主役は子どもたちなのだから。

コンクール・全国大会を終えて、安堵の表情で

コラム 「目標達成シート」の使い方

　この原型は、株式会社ユニクロの社員教育で実際に使われていたもの（「カリスマ体育教師の常勝教育」原田隆史著から）を、吹奏楽版にアレンジしました。
- 自分の内面の振り返り
- モチベーションの維持・向上
- 毎日の具体的、行動の指針

……以上が、目的です。

　私は、コンクール前には、必ずこれを全員に配り、記入させ、何回も「赤ペン」で修正を入れます。完成したものを2部作り、1部は各生徒に持たせ、1部は全員分を壁に掲示します。それを毎日眺めながら、「自分以外の人の考え」「行動」を知り、励みにします。

　年度末に行なう、定期演奏会でも、同じことをしました。

　子どもたちの意識と行動が変わります

★注意するポイント

- 目標達成のための具体的行動には、必ず、「家族としての仕事」や「学生としての仕事」を入れる。決めたら、絶対に行なう。
- 「目標」のところに、結果に関わることを記入させないことです（金賞とか、○○大会出場など）。それが目標になると、このシートの目的が変わってしまいます。
- 「ルーティーン」とは「ジンクス」のようなものです。例えば、イチロー選手が、バッターボックスで最初に行なう、ユニフォームの肩口を、シュッとたぐり寄せる行動は、「成功ルーティーン」です。
- 「仲間にかけてほしい言葉」「ほしくない言葉」は、意外に「頑張れ」と言ってほしくない子どもがいたり、「しっかりしろっ」と叱咤された方がやる気が出る、という子どもがいたりします。これをみんなが「知る」ことは、信頼関係を深めるために大切です。

　次のページに、具体的な言葉を記入したものを掲載します。みなさんのバンドの事情に合わせて、アレンジしてみてください。

第3章　コンクール

氏名		今日の日付　　月　　日	目標演奏会名 ○○コンクール地区大会	本番の日　　月　　日
目標	最高の目標	全てをやりつくし、悔いなくお客様と感動を共有する		
	中間の目標	ミスはあっても音楽的表現に悔いがない		
	絶対に達成できる目標	全てを頭に入れ先生とアイコンタクトしながら演奏する		
目標達成から得られる利益		感動、深い達成感、強いチームワーク		

	成功した場合	演奏会（コンクール）の分析		失敗した場合
心	ドキドキ、ワクワクして涙が出る幸せ		心	クヨクヨして暗く、悔しい
体	健康で体力もあり、気持良くつかれている		体	だるくて、つかれだけ残る
技	ミスがあっても自分への課題と受け入れられる		技	「もっとやっておけば良かった」とミスを悔む

	予想される問題	解決策
メンタル	すぐに落ちこむ、マイナス思考	「セルフトーク」を自分にすりこむ
技術	できる所ばかり練習し、苦手から逃げる	できないページ、活い音を見つけ、そこから練習する
体力（健康）	体力がない、過呼吸になる	丹田呼吸をしっかり行う、登下校は速足で
生活	夜中までダラダラしている、朝食を食べない	1日3食、早寝早起
その他	親や友だちに不平ばかり言う	がまん、笑顔と「ありがとう」

目標達成のための具体的な行動（できやすいものから）

NO	行動テーマ	期日	⑫	私は毎朝5時に起きて予習をする	/
①	私は呼吸パックを1日に（20）回（　）に行う	/	⑬	私は「ありがとう」と家族や友に必ず言う	
②	私は丹田呼吸を1日に（2）分（　）に行う	/	⑭		/
③	私はレッスンノートや提出物を期日に先生に提出する	/	⑮		/
④	私はロングトーンを1日に（10）分（昼）に行う	/	⑯		/
⑤	私はスケールを1日に（10）分（夜）に行う	/	⑰		/
⑥	私はタンギングを1日に（3）分（夜）に行う	/	⑱		/
⑦	私はリップスラーを1日に（10）分（朝）に行う	/	⑲		/
⑧	私は基礎打ちを1日に（10）分（朝）に行う	/	⑳		/
⑨	私はお風呂のそうじを毎日行う		㉑		/
⑩	私は犬の散歩を朝、毎日行う		㉒		/
⑪	私は自分で食べたものは自分で洗って洗う		㉓		/

あなたは目標達成のために、部活にどのように貢献しますか？（具体的な仕事など）
①いつも笑顔を心がける　③普段あまり話さない人に自分から声をかける
②ことば遣いに気をつける　④どんな小さなことも手伝う　⑤積極的に発言する（まちがいを怒れずに）

決意表明	私は辛いことや大変なことがあったら、自分へのチャンスだと思い、前向きに行動します
セルフトーク	大丈夫、まだ大丈夫。あきらめない。

向上ルティーン（回数・秒数も）	失敗切り捨てルティーン（日数・秒数も）
右ひざを3回たたく	かかとを2回踏み鳴らす
仲間にかけてもらいたい ことば（自分のやる気が出る）	仲間に言ってほしくない ことば（自分のやる気が沈む）
大丈夫？ドンマイ！ありがとう	頑張れ！ウザい、キモい など

コンクール直前にやること2

相談ファイル

本校もコンクール練習に突入し、時間のない中を頑張っています。コンクールへの取り組み方については、昨年は「2回の10回通し」なども実践してみました。ただ、いざ具体的な練習法となると、今の自分の指導はワンパターンで、肝心の突っ込みが足りないような気もします。楽曲を仕上げる、さらなる具体的な練習方法について教えてください。

（高校・数学科・30代・男性）

いわゆる「基本的な譜読み」が完成してからが、「本当の音楽作り」です。実は、ここからが一番大変な作業なのですね。同時に「楽しみ」でもあるわけです。「譜読みの完成」=「仕上がった」と考えると、日々の練習もワンパターンになってしまいます。まだまだやることはたくさんあります。ご一緒に考えてまいりましょう。

提案その① 本番のチューニングに照準を合わせて精度をあげる

本番のチューニング時間は県によっても異なりますが、全国大会では20分間です。この時間内でチューニングとその他の合わせが完了できるよう、今から着実に準備をしておきましょう。いろいろなやり方があると思いますが、ここでは2種類をご紹介いたします。

★チューナーを使ってひとりずつ、うねりを聴き取る

よく、小さなチューナーをひとり1個持ち、各自「針」で合わせているチームを見かけます。それも時として有効ですが、それが中心になると子どもは「目」で音を合わせてしまい、「耳を使う」ことをしなくなります。ここでは、ハーモニーディレクターなどの大きなチューナーで、「うねり」を実際に耳で聴き取りながら音を合わせるチューニングをお薦めします。以下が手順です。

①大きなチューナー（鍵盤）の前にひとりずつ並ぶ。他の生徒は聴いている。
②フルートからひとりずつ、いくつかの音を鍵盤で指導者が弾き、その音について

第3章　コンクール

ひとつひとつ音を合わせてゆく。フルートならばA→F→C→G→B♭→D→E♭→高いF→高いGという風に進めます。楽器によって、高くなったり、低くなったりしがちな音がありますが、どの楽器でも、B♭・G・F・E♭・C・Aはオクターヴで必ず入れます。

③ひとりがチューニングをしている間、聴いている人たちは、その音の「うねり」を、手のひらをヒラヒラと動かして表現し聴き取ります。同時に、出ている音を「声に出して」歌います。そうすることで、ソルフェージュの力もつきます。

高い・低いが実際よく分からない生徒もいます。そういうときには、わざと大幅に低い音程や、高い音程を作り、そこから徐々に合わせます。

これをテューバやコントラバスまで、丁寧に行ないます。

40人の部員がいると仮定すると、最初は1時間以上かかります。根気も必要です。しかし、続けることで時間はどんどん短縮してゆきます。10日も続けると、最終的には50名編成でも10分以内で完了するようになります。

★「倍音」を聴き取り、一発チューニング

ひとつの音には、いくつもの自然倍音があります。例えばCの音を出すと、普通に鳴らしても、完全5度上のGは、空気中に聞こえてくるはずです。さらに、長3度上のEがオクターヴ離れて聞こえるようならベストです。これができると、全員で一発チューニングができるようになります。以下が手順です。

B♭管クラリネットのひとりが全員の前に立ち、B♭の音を鳴らします。「バスクラ」→「コントラバス、テューバ、バリトンサックス、ファゴット」→「ユーフォニアム、トロンボーン」→「テナーサックス、ホルン」→「アルトサックス」→「トランペット」→「クラリネット、オーボエ」→「フルート」→「ピッコロ」の順番で音を重ねてゆきます。

すでに、バスクラだけの時点で倍音は鳴ります。大切なのは倍音が鳴っているということを、演奏者が「聴き取る」ことです。鳴っているのに「聴き取れない」生徒も初めはたくさんいます。全員が聴き取れるようになるまで根気良く続けます。

これも最初は、ものすごく時間がかかります。しかし数回行なうと、全員一発で聴き取れるようになり、1分〜2分程度でチューニングは完了します。B♭だけでなく、いろいろな音で練習してください。

★注意点

以上の2点は大切です。どちらもできないと、正しいチューニングの「耳」は育ちません。しかし、その前提には「正しい奏法」があります。姿勢、アンブシュア、ブレスが正しいかどうか、チェックしながら進めてください。

提案その❷　基礎・基本を大切に　～日々のサイクルを変えない～

　コンクール前だから、普段行なっている基礎合奏や基礎練習をせずに合奏の毎日。しかし、コンクールだからといって、日々特別なメニューを作る必要はないと私は思います。大切なのは、いつも「基礎・基本」です。陸上競技の選手が、試合だからといって、ウォームアップなしでいきなり100メートルダッシュをしないのと同じです。コンクールに限らず、大きな本番や行事前も同じです。普段行なっている、個人のウォームアップ、ボイストレーニング、基礎合奏など……時間を短縮しても、必ず毎日行なうことをお勧めします。

提案その❸　録音をして「反復練習」　～自己評価の力を高める～

　ほとんどのみなさんは、課題曲にしても、自由曲にしても、「お手本」とする「音源」をお持ちだと思います。これを利用して、自分たちの演奏の録音と聴き比べをすると効果的です。ここで大切なことは、自由曲の場合、「何を音源とするか」です。先生がご自分で納得できる演奏を探されることをお勧めします。また、自由曲が編曲作品の場合は吹奏楽の演奏だけでなく、オリジナルの音源も活用してこの練習をなさるとよいと思います。

　以下が手順です。

①あらかじめMDに課題曲・自由曲を録音し、頭出しのインデックスを1小節刻みでつけておく。
②指導者が「ここは大切」と思うところを、まず聴かせる。（数小節単位で）
③次にその数小節を演奏し、録音する。
④もう一度お手本のその小節のところだけを聴き直す。
⑤自分たちの演奏と何が違うのか、聞こえ方、感じ方について意見を出し合う。
⑥お手本と同じようになるまで反復する
⑦以下、いろいろな部分について同じ練習を繰り返す

　一見、途方もない作業に思えます。しかし、ひとつの楽曲の中で、この練習をしなければならない箇所は、そんなに多くはありません。「ここができればここも同じ」というところがたくさんあるからです。まずは「模倣」をする気持ちで始めるとよいと思います。子どもたちの「聴く力」「評価力」が高まります。

提案その❹　全員がフルスコアを持ちましょう　～スコアは「台本」です～

　演劇をするとき、自分の台詞（せりふ）だけ持って台本を持たない人はいないと

第3章　コンクール

思います。台本がなければ、物語が分からないからです。楽曲も同じです。パート譜だけでなく、フルスコアを全員に持たせると、先生の指示やイメージが、伝わりやすくなります。子どもたちにとってみれば、「総譜」を勉強する、またとないチャンスとなります。ここから、自分の役目や全体の成り立ち、お互いの関係を学ぶことができます。自由曲が編曲作品の場合は、オーケストラのスコアも持たせることをお勧めします。自分の演奏している場面が、ヴァイオリンなのか、チェロなのか、音色作りにも役立ちます。

提案その❺　いよいよ本番直前　〜自信を持って本番の舞台へ上がるために〜

　ホール練習（体育館練習）、10回通し、……いろいろな試練を乗り越えていよいよ本番が近くなります。1週間前くらいからは、本番当日をシミュレーションした動きを反復練習します。体育館やホールなどでの本番を想定した出入りの練習、楽器のセッティング練習も大切な練習です。

★チューニングルームでの20分間を想定して
　午前と午後の合奏前、ストップウォッチを用意します。ここで20分間のチューニング時間を想定し、やるべき作業を行ないます。
● チューニング……10分以内で完了させる。
● 合わせ……あらかじめ課題曲のここ、自由曲のここと、決めておいた場所を合わせ、ハーモニーや鳴り、音の形などを整える作業を行なう。

　最後に、「気合い」を入れて……20分経過。さあっ！　いざ本番、という気持ちを作ってからその日の練習に入ります。

★褒めるか？　手綱を引き締めるか？……ベストのモチベーションで舞台に上がるために
　同じバンドでも、その年のメンバーの雰囲気によって最後まで褒めた方がいいのか、最後まで厳しく引き締めた方がいいのかは異なるものです。いろいろな子どもたちがいますから個別に声かけをする際にも、この子はどう接したら力を発揮させるのかを見極めます。そしてチームに対しても、最も力を発揮させる言葉かけを見極めます。とくに、本番前日と当日は重要です。先生の気持ちを素直に、子どもたちに伝えることも大切です。

★先生ご自身の「指揮」を確認しましょう
　私はいつも鏡の前で練習します。また、体育館やホール練習のときにビデオに録画し、自分の動きがどう映っているのか反省します。ぜひ、お試しください。

提案その❻　いかなる場合も、終わったら「褒めましょう」

　反省はあとでいくらでもできます。本番が終わったら、結果が出る前に心から褒めてあげましょう。これで子どもたちの苦労や努力は、達成感として報われるのです。

　この夏、先生が生徒さんたちと思い出に残る良い演奏ができますよう、お祈りしています。頑張ってください。

コラム　「上部大会」へ向けて

　ご自分のバンドが、次の大会に進んだ場合のことを考えてみたいと思います。
　これは、「もう一度、自分たちの演奏を聴いていただけるチャンスをいただいた」ということです。是非、感謝の気持ちを音に込めていただきたいと思います。
　次の大会までは、だいたい１～２週間でしょうか。ここでは、大会がひとつ進むごとに私がいつもしていたことを、ご紹介したいと思います。

★パート譜を、全員「新しいもの」にする

　配るときにこう言います。
「今まで注意してきたことや、考えたことは、すべてみなさんの前のパート譜の中にあります。つまり、もう、みなさんの身体に染み込んでいるということです。今日からは新しい課題に取り組みます。新しい曲をやるつもりで取り組んでください。この真っさらなパート譜を、また真っ黒にして、次の大会に臨みましょう」
　そうすることで、子どもたちは、あきることなく「ここからまた、新しいスタートを切る」という気持ちに切り替わるのです。

★指導者の冷静な「総括」

　予選と同じ演奏を目指しては、意味がありません。
●当日の演奏を何度も聴き直す
●審査員講評を、分析する
「音楽的な課題」「技術的な課題」を洗い出して、子どもたちに提示してゆきます。自分で分析しきれないときには、他の信頼の置ける先生方に、助言を仰ぎます。

★ホール練習で、再度の調整を

　今からでも取れるホールがあれば、再度のホール練習をします。時間は１コマでもい

いです。無理ならば体育館を借ります。
　予選のときよりも、子どもたちは「進化」しています。予選時のセッティングのままでゆくのか、変えた方がいいのか……じっくりとサウンドチェックをしてください。

★またしても、10回通し
　大会まで2週間あったら、1週間前に1回、本番前日にもう1回。大会まで1週間しかなかったら、本番前日に1回。

★もう一度、基礎基本
　いわゆる、基礎練習、基礎合奏は、毎日します。ここでは、課題曲、自由曲について、
● テンポを落として、リズム（たての線）を整え直す
● その曲のひとつひとつの音をfで、4倍にのばし、音の質を高める
　つまり、もう一度、「メトロノームとお友達」になるのです。
こう考えると、次の大会までに、やるべきことは「てんこ盛り」です。
「最善は常に進化する」
「最善以上は尽くせない」
　音楽は生きものです。これでいい、ということは、どこまでやってもありません。
　みなさんが、次の大会でも最善を尽くして、進化した良い演奏をなさいますことをお祈りしています。

★本番会場の下見
　次の大会が地元でない場合、練習以外にも考えなければならないことがあります。
● 往復の交通手段 ● 宿泊場所・練習場・本番会場についての知識 ● 引率者 ● 費用 ● 運搬
　今は旅行社がパックでも販売していますが、費用は割高になります。
　私はいつも自分で手配し、必ず事前にすべて下見とごあいさつをすませます。
　特に初めての方は、ベテランの方に相談し、助言してもらうことをお勧めします。

効果的なホール練習の方法

> **相談ファイル**
>
> コンクール本番前に、ホールを借りることができました。普段の練習と、ホールでの練習は、大きな違いがあるのでしょうか。注意点や、具体的内容を教えてください。　　　　　　　　　　　　（中学校・音楽科・30代・男性）

　多くのバンドは、普段の練習は、音楽室や、比較的狭い練習場で行なっていると思います。中には、エアコンなしで、40度近い室温の中で頑張っているみなさんも、たくさんいらっしゃると思います。このような環境の中では、正確なピッチを合わせることは難しいですし、理想的なセッティングの中で演奏することも難しいことです。本当に大変なことだと思います。

　本番前には、体育館などの広い場所で練習できる日が、1日でも、2日でもあったらありがたいところです。まして、ホールを借りることができるなんて……。すばらしく贅沢で、ありがたいことですね。

　ここでは、私がいつも行なっていた「ホール練習」をご紹介いたします。

提案その❶　ホール練習の前にしておきたい「準備」

★楽器の状態を整え、選べる数のマレット、ビーターをそろえましょう

　木管楽器のタンポの状態、金管楽器のバルブの状態を点検します。

　打楽器は、大太鼓、小太鼓、ティンパニのヘッドの状態を見て、傷みがはげしければ、なるべく早く交換します（馴染むのに時間がかかるので、気がついたら一刻も早い交換をお勧めします）。また、グロッケン、シロフォン、ビブラフォン、マリンバなどのマレットは、いろいろな素材のものを数種類準備します。ティンパニと大太鼓のバチ類も、ソフトからハードまで用意します（高額なものもありますので、修理のきくものは修理し、作れるものは作りましょう）。忘れがちなのが、トライアングルやチャイムのビーターです。なければ借用します。

★曲は「暗譜」、指揮者なしで通せるようにしておきましょう

　演奏中、楽譜は譜面台に置いておくのですが、実質暗譜ができていることが大切です。

また、メトロノームも指揮者もなしで、自分たちで音楽を感じながら、止まらずに通せるようになっておくことも大切です。そうすることで、ホール練習当日、指導者は遠く離れたところから演奏を客観的に聴き、そこから指示を出すことが可能になります。これは簡単にできることではありません。さらい込んで初めて可能になります。

提案その❷　セッティングを確定させる

　どんな並べ方が、ベストなサウンドを作り出すのか……。事前に、いくつかの案を考えておきましょう。そのセッティングを、舞台上で実際に作り、そのサウンドを確かめ、修正し、確定します。オーボエ1本、Esクラリネット1本、ピッコロ1本動かすだけで、まったくブレンドは変わります。木管楽器をどう並べるかは、指導者が「どんなサウンドが欲しいのか」で、まったく変わってしまいます。

　少人数で大きな舞台に上がる場合は、「なるべく人がたくさんいるように」見える工夫もしてください。見た目は、サウンドの広がりにも関係します。ただし、広げすぎても、見た目とサウンドがかみ合わなかったり、メンバーが混乱して音楽に集中力がなくなったりしますので、注意してください。

　メンバーひとりひとりの技量の差によっても、セッティングは変化します。他のチームがこうしていたから……と、まねしても、うまくゆかないこともあります。

　メンバーにかかるストレスと、性格も考慮してあげるとさらに良いと思います。例えば、オーボエにソロやオブリガートなどがあり、緊張しやすいメンバーだったら、2列目の中の方に入れるだけで、伸び伸びと演奏する場合もあります。

★打楽器のセッティングは、特に大切です
●吹奏楽器と分離しないこと、混ざること。
●曲中のメンバーたちの動きが、演奏の空気や質感を損わずに、静かに、自然に、目立たずに、スムーズに行くこと。
●たくさんのマレットや、ビーターをあらかじめ用意し、演奏中にいろいろと試し、本番で使用するものを決める。
……いろいろなことを考えながら、「本番と同じセッティング」を決定します。

提案その❸　セッティングが決まったら

●全体の写真を撮ります。
●打楽器は、メンバーをはずした楽器のセッティングのみを、指揮者台の上から写真に撮ります。この写真を見ながら、パートリーダーは、同じ場所に立ち、1秒でも速く同じセッティングができるように、それ以後、練習を重ねます。

指揮者台から打楽器セッティングを写真に撮る

提案その❹ 指揮者は審査員席に近い客席に移り、音楽を確認する

- 音楽に「流れ」と「うた」があるか。
- 音楽に、ふさわしい色彩感・躍動感があるか。
- 観客として、審査員として聴いた場合、その演奏に感動があるか。
- 特定の楽器や音が、混ざらずに、飛び出していないか。
- 際立たせたい音が、きちんと届いているか。

　同時に、それぞれのメンバーに、音楽を損なう「無駄な動き」がないかどうかを見ます。例えば、静寂の中にあるフレーズの中で、演奏していないメンバーが楽器を振ったり、キョロキョロしたりしたら、空気は消えてしまいます。

　譜面台の角度、高さにも、配慮してください。

提案その❺ ビデオに録画、デッキに録音する（審査員席に近い場所から）

　このときには、指導者が指揮をして、本番の気持ちで演奏します。これを後日、

検証します。特に、指揮者自身の「指揮」も、検証してください。

提案その❻　ひとつひとつ、細かいところにこだわりましょう

★借用料金を明確にして、無駄な行動を節約する

　ホール練習は、減免を受けたとしても、タダではありません（無料の学校であっても、もしも正規の値段で借りたらと、仮定します）。その金額を、分単位で割り、メンバーに事前に伝えます。この金銭感覚が、無駄な動きや私語をなくし、素早い行動につながります。

　例えば、13時〜17時まで借りたとします。午後1コマで、付帯設備料金込みで10万円かかったとします。4時間で10万円、1時間で25000円、30分で12500円、15分で6250円、1分で約420円……というわけです（部員たちの自分のおこづかいと比較させてみてください。とんでもないぞっ！　ということになります）。

★搬出入の練習を事前に行なう

　行動が格段に速くなります。これはそのまま「本番の動き」に反映します。

★きちんと清掃させて、美しく撤収させる

　すべての行動は、子どもたちの「心の成長」の役に立たなければ、意味がありません。練習場を貸していただいた……感謝の気持ちは「形」で示します。これもしつけです。こういう「心」は音楽にも反映し、本番にも出ます。

★指導者は、なるべくひとりで、ホール練習に臨まない

　自分だけだと、どうしても主観的になりがちです。客観的にいろいろと指摘や助言をしてくれる、卒業生、他校の指導者などに手伝ってもらえるとよいと思います。

★舞台への入退場の練習を行ないます

　楽器をダラリとぶら下げて入場したり、うつむいて入場したりしていては、音楽を聴く前に「？？？」と思われてしまいます。いかなる場合も「上手そうに」出入りしましょう。

　たまに、演奏後、音楽の余韻を味わう間もなく、「バッ‼」と一斉に立ち上がるバンドがありますが、不自然なことは避けたいものです。

　せっかくのチャンスです。有意義に使い、悔いのない練習になることを、お祈りいたします。

コラム サウンドがブレンドするセッティング例

小編成の場合

例A……きれいですが、管セクションと打楽器が離れすぎていて、アンサンブルしづらい。
例B……ひな壇の一番上を使用せず、全体を下におろして、木管と打楽器を調整しました。全体が大きく見えます。これによって、サウンド全体も「豊かに」響きます。

※、小編成の場合は、パートの人数が、いつもバランスが良いとは限りません。
　客席から見て、
● 圧迫感がないこと
● 小さく見えないこと
● パート編成がバランス良いと、錯覚できること
● ピッチの悪さや、音の形の悪さを、最大限、カバーできること

A　打楽器が分離してアンサンブルしづらいセッティング例

小編成の場合

大編成の場合

第 3 章　コンクール

● 打楽器が、吹奏楽器と遊離しないこと
……こういったことに、気を配ります。

大編成の場合

　大編成の場合、セッティングで注意をはらうのは、打楽器が中心となります。バンドによっては、打楽器をひな壇の一番上に配置することもあります。その場合は、全体のバランスと、打楽器の技術的な問題を考慮する必要があります。

　木管楽器の中でも特に、サクソフォン、クラリネット、フルートの配置は、楽曲や、指揮者の求めるサウンドによって、管ごとにまとめるのか、混ぜるのかを考えると効果的です。

　今からでも「まだ間に合う」というチームは、いろいろとお試しいただくとよいと思います。セッティングで、サウンドは「変わります」。

B　アンサンブルしやすいセッティング例

小編成の場合

大編成の場合

終わり方／終わらせ方

> **相談ファイル**
>
> 「響け心のハーモニー」、「為せば成る」をスローガンに、部員たちは夏のコンクールに向けてよく頑張りました。窓が開けられず空調もない蒸し風呂のような音楽室で練習をして、コンクール当日は自分たちの演奏をすることができました。ただ、結果は金賞でしたが、支部（先の）大会には進むことができませんでした。「努力しても結果が出なかった」という厳しい現実を目の当たりにした子どもたちの今後が心配です。正直に言うと、自分が一番審査に納得していないのかもしれません。この気持ちを整理し、子どもたちと再出発するために良いアドバイスをお願いします。（高校・英語科・40代・女性）

　子どもたちは、本当によく頑張りましたね。お気持ち……複雑な胸中、お察しいたします。コンクール、コンテスト、賞を競うすべての事柄には結果がついてきます。音楽を含むすべての芸術には目に見える規準がないだけに、その結果に様々な思いを感じることもあると思います。

　きれいごとではなく、率直な言葉に出していただき、ありがとうございます。部員のみなさんと元気にまた歩き出してゆけるよう、一緒に考えてまいりましょう。

提案その❶　きちんと「終わりの儀式」を踏みましょう

★まず「褒める」

　心で思っているだけではダメです。きちんと言葉にして、この夏、子どもたちが頑張った内容について、心から褒めてあげてください。子どもたちにとっての一番の審査員は「先生」なのですから。先生から認められ、褒められることで、子どもたちは自分の努力を自覚できます。

★総括を客観的に行なう

　褒めたあとは、反省です（別の日に行なうとよいでしょう）。評価の基準は「勝敗」「点数」ではなく「良い演奏だったか」、「最善が尽くせたか」です。音楽面、精神面と技術面において、客観的に項目を起こして部員と一緒に考えてゆくとよいと思います。当日の演奏録音を、頭がクールダウンした頃に全員で聴くと効果的です。これで今後の課題が明確化されます。

第3章　コンクール

★お礼状を書く、出す

●パートでお世話になった先生や、学年の先生、引率などを手伝ってくださった方などには、部員で手分けして、自筆でお礼状を書いて郵送、または手渡しします。その際、言葉遣い、誤字脱字などのチェックは先生がします。

●バンドとしてお世話になったレッスンの先生や、地域の方々、ＰＴＡ関係などには、バンドとして礼状を作り郵送します（私の場合は毎年、写真のような残暑見舞いを作っていました）。

こうすることで、自分たちがたくさんのみなさんのおかげで夏が過ごせたということに感謝をし、しつけにもなります。「終わりの儀式」をひとつひとつ形にしてゆくことで、やりっぱなしのコンクールではなく、コンクールを利用して次へ進めるのです。

提案その❷　秋のシーズンを意図的に、忙しくすごしましょう

★1年生も入れた、新チームを夏の間に作る

9月からは、一年中で最も充実したシーズンに突入します。1年生から3年生まで、全員による演奏活動ができる期間はわずかしかありません。夏休み中に少しでも早くチーム作りを始めて、秋のレパートリー作りにとりかかります。

★なるべくたくさんの本番を入れる

校内の文化祭、地域の連合音楽会、遠征、演奏旅行などの他に、例えば市民運動会や、町内祭り、老人ホームへの訪問演奏、幼稚園、敬老会、商店街の売り出しなど、演奏できる本番は、先生が「営業」してでも取ってきます。保護者のみなさんにもお願いしておくと、それぞれのネットワークから本番依頼を受けられる場合もあります。1本でも多くの本番の経験が、強く、しなやかで、レパートリーの多いチームを作ってゆきます。部員にモチベーションの落ちるヒマを与えないことも大切です。合唱コンクール、文化祭、体育大会など、学校行事の多い中、大変なことだと思いますが、頑張った効果は冬に出ます。

提案その❸　一年間のしめくくりのご褒美を用意しましょう

学校事情により、できないところもあるかもしれませんが、3年生たちがコンクー

ルで終わってしまうのではなく、例えば定期演奏会や卒業演奏会など、1・2年生たちから「ありがとう」の言葉とともに演奏でお別れできる機会を作ってあげられたら、それが最高のご褒美になると思います。大きなホールでお金をかけなくとも、音楽室で保護者や先生方だけをお招きして、手作りコンサートもすばらしいと思います。

提案その❹ 一刻も早く先生がリセットしましょう

★子どもは全部感じています

　学校では顧問の先生が「頑張ったね」と口では言うが、あまり嬉しそうにしていない。家に帰ると家族が「残念だったわね」、「あの審査、おかしいんじゃない？」などと言う……これでは子どもが納得して次へ進むことはできません。先生ご自身が一刻も早くリセットし、笑顔を取り戻しましょう。そして「君たちの家族はそういうことを言うかもしれないが、それは君たちが愛されている証拠だと思いなさい」と補足しておきましょう。

★そのためには……

●何よりも、頑張ったご自分をご自身で褒めましょう。仕事だけでなく、家事や育児をしながらのコンクールはさぞ大変だったことと思います。本当にお疲れ様でした。
●努力して出した「成果」は必ずあるはずです。それを「結果」と捉えれば、「努力して出ない結果はない」と私は思うのです。
●審査員の出した点数と講評から、受け取るものは素直に受け取り、消去すべきものはサッサと忘れましょう（審査に文句をつけることは、百害あって一利なしです）。
●今、こういう経験をしておけば、いつか自分たちが上の大会や全国大会に出場できたとき、そうでなかった人たちの立場を思いやることができると思えば、自分が成長できます。

提案その❺ それでも、先生がリセットできない場合

　そういうときは、じっと待つことが大切なのかな、と思います。
　そして、今、目の前にある授業、学級経営、雑務や事務処理、教材研究などに没頭し、ひとまず、吹奏楽から離れてみてはいかがでしょうか。

★目の前の子どもたちを観察してみましょう

　何となくでもいいのです……夏休み明けの、目の前の「子どもたち」をじっと観察してみてください。
　くだらないことで、真剣にケンカしている子。宿題が間に合わなくて、あたふた

している子。すっかり日焼けして、妬ましいほどバカンスを楽しんだ子。家の手伝いや、兄弟の世話で明け暮れた、けなげな子。大切な人を亡くして、新盆を過ごした子。ゲームセンターや夜間徘徊にはまってしまって、ヤバイ目つきの子。塾で勉強漬けだった子。好きな子ができて、ピンク色になってしまった子。ただただ、ボーッと過ごして、本当にボケてしまった子。……いろんな子どもたちが、見えませんか？

　吹奏楽なんて、当分聴きたくない！　と思っても、そんな子どもたちをじーっと見ていたら、「はあー……しょうがないなぁ……また、ボチボチやってみるか」と、こんな気持ちにはなりませんか？

　そこです。

　そういうお気持ちになったら、もう一度歩き出しましょう。子どもが好きで、人間が好きで教師になったのですから……なんだかんだと言っても、子どもたちにとって、一番頼れるのは先生なのですから。先生のお気持ちがリセットされれば、子どもたちは確実に「変容」します。元気を出してください。

コラム 「こんなこともありました……」❸

★私のコンクール「痛かった」話……

　えらそうなことをツラツラ書きましたが、実は私もコンクールでは結構"痛い目"にあっているんです。

その①…講評用紙に「編曲が悪い」とだけ書かれた。その審査員はそのときの自由曲の編曲も出していて、私はその人のものを使っていなかった。

その②…外国人の審査員に、すべてひらがなで、2ミリくらいの文字で、ビッシリと「○○しょうせつめのおと、まちがい。○○しょうせつめ、ぴっちがあってない」と呪文のように書かれた。

その③…講評用紙に「電話番号教えてください。すてきです」と書かれた。

その④…あるコンクールの予選を1位で通過した……はずだった。すぐに本選場所の宿泊、練習場、トラックの手配、下見の手配を済ませ、後日の抽選会に参加した。行ってみたら、ある得点以上を獲得した団体を全部まとめて、本選に出場できる団体を、くじ引きで決めるのだという。得点順で上から出場ではなかったのだ!!　くじ引き前にそれは不合理であると抗議をしたが、何ともならず、仕方なく引いた私のくじには「はずれ」の文字が……。目が点。頭の中、真っ白。予約は当然すべてキャンセル。子どもは泣く、保護者は怒る、校長は吠える……大変な騒ぎになってしまった。「センセ、パァーッと騒いで、忘れちゃいましょっ！」との保護者会の発案で、部活で大パーティーを開いてくださり、ジュース飲んで、ケーキ食べて、おにぎり食べて……忘れるしかなかった（人生、修行だっ）。

★アンサンブルコンテスト「白紙」事件

　まだ20代の頃のことです。アンサンブルコンテストの予選を2チームとも通過し、いよいよ明日は都大会。生徒を下校させ、明日の持ち物の確認をしようと要項を読み直してみました。すると妙なものがパラリと落ちました。「振り込み用紙」と書いてあります。はて？　振り込み？　なんの？　予選を通過した団体は、都大会参加費を所定の期日までに振り込まなければならなかったのです。ギョエッ!?
　慌てて事務局に電話をしました。電話口からはあきれた声で、「あぁ小平六中さんねぇ、棄権になっていますよ」と。全身の血がサーッと引き、固まってしまった私に、「緒形さんさぁ、あんた初めてじゃあるまいし……本当なら棄権ですよ、棄権。明日、事務局に現金を納めて役員室に謝りにきなさい！」と（今なら出場は許されないでしょう。昔だから何とかなったのです）。私は「ははーっ！」と、誰もいない職員室でひれ伏しました。翌日、生徒たちには何も告げずに受付を済ませ、もらったタイムテーブルを開けてみると……小平六中の欄は、すべて「空欄」になっているじゃありませんか。「先生……なんで白いんですか？　ここ…」。「ん？……なんでかねぇ」。

★吹奏楽コンクール、「運があって」「流れが良かった」事件

　私はいつも、大会の10日前くらいになると、食べ物どころか水を飲んでも吐くようになります（小心者の証です）。明日は都大会という前夜、手伝ってくれていた卒業生たちと食事に行き、「先生、明日はガツンとゆきましょう」と言われ、ステーキを食べてしまいました。案の定、その晩からお腹はピーヒャララ。朝になっても治まらず、乗り継ぎの駅でもトイレ……チューニングルームでもトイレ……そのまま舞台へ。ヘロヘロバァ～で演奏を終えました。その演奏がナント全国大会へ!!　お祝いに駆けつけてくれた人たちが「先生～今日の演奏は良かったですよ。運もあると思うけれど、何より演奏に流れがあった!!」。ふーん……そうなの……「運」と「流れ」ねぇ～（失礼しました）。

★吹奏楽コンクール、「クールな」事件

　やはり大会前日、39度の発熱。学校近くの病院に駆け込み、注射をして座薬をもらいました。一晩大汗をかいて翌朝フラフラで目覚め、そのまま大会へ。頭が"しらーっ"として道もまっすぐに歩けません。本番を終えてロビーへ出ると、自由曲の編曲者が駆け寄ってきて「すごく良かった。いつになく冷静ですばらしい！」と。冷静？？……そりゃそうでしょ、体温35度だもの。

★「出る杭は打たれる」事件

●全国大会出場が決まって……
＊朝、出勤して机の引き出しを開けると、「誰も、あんたにおめでとうと本気で言っていない。みんな妬んでいるんだ」と書いた紙が入っていた。
＊夜遅く残って仕事をしていたら男性同僚が、「いい気になるんじゃないぞ……」と耳元でささやいて立ち去った（夫に話したら「殴ってやる」と怒り、その怒りを見て、私の気持ちはおさまりました）。
●震災チャリティーコンサートが新聞記事になって……
＊「この記事はまちがっている。緒形という教師が、私腹を肥やそうと企んだ演奏会で

第3章　コンクール

ある」という怪文書を、新聞記事のコピーも添えて区内全校の校長あてに郵送した人がいた。……ガックリとへこんでいる私に「出る杭は打たれる。でもね、出過ぎた杭は、もう打たれない。踏ん張れ」と、その何十倍も励ましたり、応援したり、支えたりしてくださった多くの「善意」があったことも事実です。

★Nコン・課題曲・家族

　コンクールは吹奏楽だけではありません。小・中・高校の子どもたちにとっては、合唱部が参加する「NHK全国学校音楽コンクール（Nコン）」が有名です。私も1度だけ、Nコンに出場したことがあります。
　それは、2校目の学校での94年の夏でした。合唱部ではなく「吹奏楽部」でエントリーし、出場しました。当時、ゼロから作った吹奏楽部は、その活動も安定し、部員は90名近くにまで増えていました。前年まで2年連続、「全日本吹奏楽コンクール」で全国大会にも出場させていただくことができ、この年はいろいろと考えるところがあって、吹奏楽のコンクールは止めて、合唱コンクールに出ようとみんなで決めました。
　子どもたちには、オペラやミュージカルで活躍している友人にトレーナーを頼み、本格的に練習に励みました。私はと言えば、Nコンで優秀な成績をおさめている合唱部をいろいろと見学し、その練習内容を勉強しました。
　その年、第61回の大会の中学の部課題曲は《家族》（川崎洋作詞、鈴木行一作曲）。この課題曲の歌詞は、家族の役割、家族の大切さ、温かさを歌ったものでした。当時のチームにはひとり、事情があって家族とは離れて暮らしている生徒がいました。彼は、幼い兄弟と懸命に生きていました。私は、エントリーを決め、練習を始めてから「あっ……」と気がつきました。この歌を歌うことが、どれほど彼の心を切なくするものか、どれほど悲しい思いをすることか……私は胸がしめつけられました。そこで、彼を呼んで、話してみました。
「ごめんね、君の気持ちも考えないで……辛かったら、止めてもいいんだよ。課題曲を止めて、自由曲だけで出られるコンクールに変えようよ」
　彼はこう言いました。
「先生、僕は平気です。確かに両親はいないけれど、最初からいなかったわけじゃない。それに先生、僕にはここが、この吹奏楽部が、家族なんです。だから、みんなと一緒にこの曲を歌いたいんです」……
　私は泣きました。その生徒も泣いていました。
　暑い夏の毎日、私たちは、午前中は吹奏楽、午後は合唱の練習に明け暮れました。歌詞の意味を一緒に考え、曲を仕上げてゆく作業。新鮮な練習のなかに、目を輝かせて練習するその生徒を、私はいつも遠くから見ていました。
　そしてむかえた本番。そのときは最善を尽くした、悔いのない演奏ができました。ブロック大会には進めませんでしたが、私たちはとても満ち足りた達成感に浸っていました。演奏後、ひとりひとりの子どもたちとした握手……その生徒とも握手をしました。彼は「先生……ありがとうございました」と、言ってくれたのです。私はその澄み切った瞳と、まっすぐな姿を忘れられません。
　「家族」はとても良い曲で、その後も何度も授業で扱いました。そのたびに……あのときの生徒の、どこまでも澄み切った瞳を思い出します。大切な宝物を、いつも思い出すのです。

借リルトコロヲサガシマワリ
西ニ楽器ガコワレレバ
ナントカショウトオロオロ走ル
南ニブインガトクスルコトアレバ
行ッテ「オネガイシマス」トモラッテクル
北ニケンカヤカゲグチアレバ
クダラナイカラ　ヤメロトイヒ
ウレシイトキハ　ナミダヲナガシ
カナシイトキハ　フキゲンニナリ
ミンナニ「ビョーキジャナイノ?」ト　ササヤカレ
ホメラレモセズ
クニモサレズ
サウイウ顧問デ
ワタシハ　アリタイ

顧問

雨ニモマケズ
花粉ニモマケズ
雪ニモ夏ノ暑サニモマケヌ
丈夫ナカラダヲモチタイト思ヒナガラ
決シテ太レズ
一日ニ給食ト
パント少シノオカシヲ食べ
アラユルコトヲ
ヨク考エモセズニ始メ
一生懸命ニヤロウトスル
東ニ楽器ガナイトイヘバ

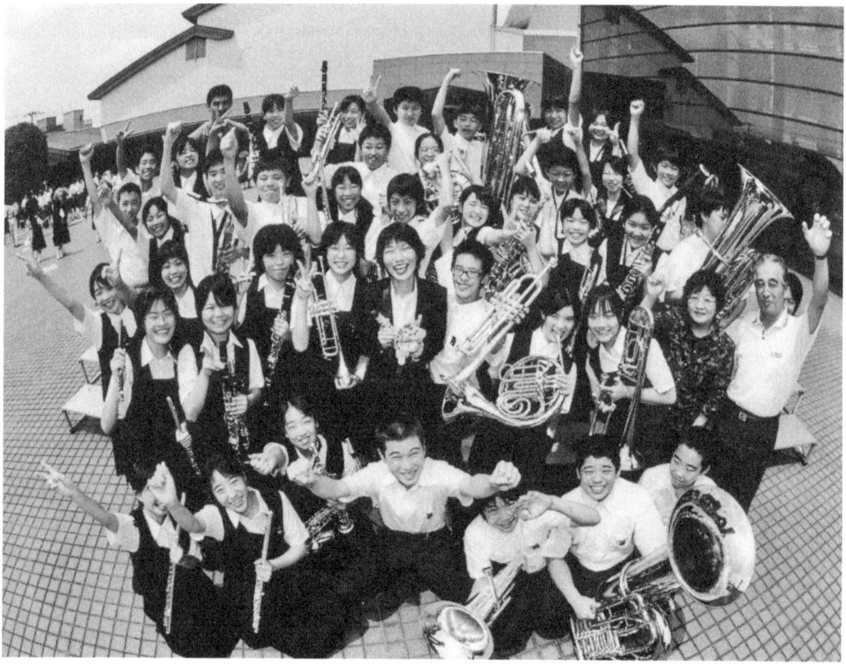

第4章
コンサート

コンサートを開くまで

> **相談ファイル**
>
> 異動をして3年目になります。それまであった吹奏楽部を引き継ぎ、自分なりにコツコツと努力して、やっと異動の年に入部した子どもたちを卒業させる年になりました。これまで3年生は秋で引退をしていましたが、今年は卒業演奏会をしてあげたいと、受験が終わってから3年生はふたたび部活動に参加するようにと話しています。ここまで一緒に頑張ってくれた3年生たちを、心から送り出してあげたいと思っています。しかし、今まで私は、この時期に演奏会をしたことがありません。演奏会の作り方、心に残る演奏会の具体例や、工夫などあれば教えてください。　（中学校・音楽科・30代・女性）

　異動して、3年間が終わろうとしていらっしゃるのですね……よく頑張られましたね。自分が着任したときに迎えた1年生たちを卒業させる気持ちは、ひとしおなことでしょう。ぜひ、演奏会を実現したいですね、先生。

　年度末に、立派なホールで大きな演奏会を行なう学校も今はたくさんありますが、この項ではそうした演奏会ではなく、「手作り～なるべく費用をかけず～心をこめて～校内～保護者・卒業生・先生方・お世話になった方々・ご近所のみなさんを対象～入場無料…」をキーワードにした演奏会の作り方について、一緒に考えてゆきたいと思います。さらにそれが、将来ホールでの演奏会の形にスムーズに移行できる方法を考えてゆきたいと思います。

提案その❶　概要を決めましょう

★演奏会の名称について

　「お別れ発表会」「卒業演奏会」「3年生を送るコンサート」……何でもいいと思います。今の先生のバンドの気持ちに最も近い名称をつければいいと思います。ただ、この先も毎年続けるかもしれない……と考えてのことであれば、質素であっても、将来のことを考えて「定期演奏会」という名称で始めるのもいいと思います（バンドの歴史が刻まれます）。

★会場について

　会場は、どれくらいのお客様を見込むかにより、考えましょう。冬場の寒さを考

えれば、音楽室やオープンスペースなども候補に入れます。100人以上のお客様を見込む場合は、やはり体育館が妥当だと思います。その場合は防寒対策として、部員の家庭からストーブなどを何台も借用して設置するなどの工夫も必要です。

★日時について

まずは、保護者のみなさんがご来場になりやすい、日曜日の昼間がベストです（土曜日でもいいと思います）。しかし、日によっては、運動部の試合や、英検、漢検などの会場になっていたりしますから、校内での予定を調べて早めに押さえておくことがよいでしょう。

提案その❷　実行委員会を組織しましょう

どんなに手作りの演奏会であっても、「子どもたちのため」にならなければ意味がありません。仕事を理解し、分担し、責任を持って遂行させる「組織」を作りましょう。そのことによって、3年生だけでなく、1・2年生のモチベーションと達成感も高まります。

★組織の例（生徒の組織として）と仕事内容
- 実行委員長＝3年生1名、・副実行委員長＝3年生、2年生各1名……全体の責任者、本番の会場作りの指示と責任者（部長や前部長、副部長などがなるとよい）。
- ポスター（1〜2名）……描いたポスター集めと、チェック。全員の描いたポスターの貼り場所の一覧表を先生と相談して作り、それを全員で分担して貼りに行かせる。終演後の撤収、回収についても確認（このポスターは将来印刷物でもいいと思います）。
- チラシ（1〜2名）……原画を作成、印刷の手伝い。どこにどう配布するかを先生と相談して決定。それを全員で分担し、配布させる。
- プログラム（2〜3名）……校長先生や顧問の先生、部長に、「あいさつ」の原稿を依頼して回収。どんな内容にするのか、先生と相談して原稿をそろえ、できればパソコンできちんと清書し、印刷。
- 司会進行台本（1〜2名）……本番の流れと、その中に入る司会の台詞をいれたものを作成。
- 広報（3〜4名）……お知らせの内容は統一し、校内新聞、学校便り、地域のミニコミ誌、『バンドジャーナル』など、どんな媒体に「お知らせ」を出せるか考え、先生と相談して決める。それを実行。
- 集客（各パートリーダー）……予定した客数に達するまで、責任をもって部員に声かけをする（集客は全員で）。
- 各種表示制作（1〜2名）……「受付」とか「来賓」「トイレはこちら」「会場」「→」などの案内表示を作り、校内に貼る。

- 花束カード（1〜2名）……当日、お花やプレゼントが一度に来ると、混乱します。バンドや部員個人に持ってきてくださった方のためのメッセージカードを作成すると便利です。
- 舞台マネージャー（1名）……セッティング図の作成と、セッティングの指示。
- アンケート（2〜3名）……当日配る「アンケート」の作成と回収、集約。
- 打ち上げ（4〜5名）……終演後の「打ち上げ」または「3年生を送る会」の企画、会場準備、進行。
- 会場設営と撤収……全員。

提案その❸ 準備するものも子どもたちの手で

　実行委員会ができたら、その仕事内容にそっていろいろな準備を始めます。実行委員の仕事内容の中から、いくつかを詳しく説明します。

- 先生方への手作り招待状……日頃お世話になっている校内の校長先生はじめ、先生方、職員の方々に、部員たちで分担して、手作りの招待状を作り、直接手渡します。「音楽は分からないけれど、聴いてあげようかな」という気持ちになってくださいます。
- ポスター……A3か、それ以上の画用紙に、子どもたちそれぞれが手書きで作ってみてはいかがでしょうか。あらかじめ必ず入れる内容だけ統一し、あとのレイアウトや絵や方法（油絵・水彩・クレヨン・色鉛筆など）は、子どもたちに一任します。ひとり1枚描いても、30人いれば30枚もできます。
- プログラム……手間と紙代の節約を優先するならば、「あいさつ」「曲目」「メンバー一覧」などをB4一枚に両面刷りをして折ります。いやいや3年生の気持ちを文集にしたいとか、パート紹介もしたい、曲目解説もしたいなど、てんこ盛りにしたければ、その準備をして印刷と製本をします。
- アンケート……演奏後はやりっ放しではなく、評価が必要です。お客様の感想をアンケートにとることは大切だと思います。子どもたちへの励みにもなります。また最後に、住所とお名前を記入していただくと、次回からのご案内の資料として蓄積されます（個人情報の取り扱いがありますので、「案内状をお出ししたいので、もしよろしければ」と書くことと、「それ以外には使いません」ということを明記しましょう）。

提案その❹ 曲と曲数は「等身大」で

　わざわざこの演奏会のために新たな曲を練習するというよりは、これまでのレパートリーを中心に選曲をすることをお勧めします。まずは小さな曲も入れて、すべてのレパートリーを書き出してみましょう。「3年生の思い出の曲」「3年生たちがそれぞれソロを取れる曲（ポップスに多くあります）」「この1年間で最も勉強した

第4章　コンサート

曲（コンクールの自由曲など）」「お客様の気持ちを考えた曲（懐メロやアニメなど）」……日頃から歌っているバンドは、「合唱」を入れてもいいと思います。マーチングをしているバンドは、「ステージドリル」を入れてもいいと思います。自分たちのことばかりを考えずに、お客様が聴いて疲れないような配慮をすると喜ばれます。

曲数は、本番が1時間前後ならば、5〜6曲。休憩も入れて2時間ならば、10〜12曲くらい（アンコールを入れて）が適当だと思います。

提案その❺　3年生を心を込めて送る「工夫」について

★舞台上での「卒業式」

私は毎年、定期演奏会の本番中に、舞台上で「吹奏楽部の卒業式」をしていました。第2部の後半で、毎年「卒業写真」の演奏をきっかけとして、3年生ひとりひとりを顧問が紹介し、感謝の言葉を添えて後輩が花を渡します。最後に3年生全員が起立して、「以上○○名、○○中学校吹奏楽部を本日、卒業します」という言葉で3年生全員が礼をします。または、舞台の一番前に、3年生だけを出して、ひとりひとりにあいさつをしてもらったこともあります。しめくくりに、3年生の曲中MCを入れた、合唱をします。

このコーナーは、毎年同じの「お決まり」のシーンとなりますが、お客様も待っていてくださるし、下級生たちも「自分も卒業のとき、こうしてもらえる」と心待ちにするようになってきます。ただし、部員が増えてくると長時間になり、ダレるので、ひとりあたり30秒以内に収めるのがベストです。

★本番終演後の「3年生を送る会」

終演後は、音楽室などへ場所を移動して、心ばかりの「打ち上げ」兼「3年生を送る会」をします。例えば、時間が1時間しかなければ、最初の20分間は演奏会の成功を祝う「打ち上げ」、後半の40分間は「3年生とのお別れ会」とします。音楽室に簡単なお菓子やケーキ、ジュースを用意し、飾り付けも子どもたちがして、後輩たちは寄せ書きやお手紙などを事前に準備し、これをひとりひとりにパートごとに渡します。また、顧問は事前に記念品を注文しておき、部員であった証としてひとりひとりにプレゼントします（記念品は部費で購入していました）。

大切なことは「気持ち」です。どんな形であっても、「ありがとう」「これからも頑張って」という気持ちが伝われば、それは一生の思い出に残ることでしょう。

提案その❻　費用はなるべく節約して

印刷する場所は印刷室。使う紙は、年度末で余った紙（何色でも紙質が違っても）。案内状や招待状は、なるべく手渡し。公立学校ならば「交換便」の利用。打ち上げのお菓子や飲み物は差し入れ重視。録音機材は学校のものを借用。写真はデジカメ

で簡単プリント……と、節約できるものは節約します。校内ですから運搬費もかかりません。するとあとは、若干の郵送費、写真の印画紙代、3年生に渡すお花代と、卒業記念品代くらいになります。この程度の支出であれば、もし部費を集めているバンドであれば、それでまかなえるかもしれません。臨時に集金が必要であれば、事前に保護者の了解をとる必要があります。

提案その❼ 会場設営は総力戦で

　これが案外、難しいのです。仮に体育館で行なう場合、通常の舞台には反響板がないので音が前に行きません。また、バランス良く全員を乗せることもできません。私はいつも、舞台の前だけを使い、あとはひな壇を組んで、フロアにせり出して作っていました。このひな壇も意外と中学にはないのです。小学校にはたくさんあります。そこで、近隣の小学校から借用したときもあります。また、美術室や技術室の机は非常に頑丈なので、セッセと運び、その上にベニア板を渡し、黒い布を前だけかけて大きな舞台を作ったこともあります。パイプ椅子も並べなければならず、いずれにしても大仕事です。できれば、前日までに済ませておきたいことです（指をケガしないように気をつけて……）。

提案その❽ 保護者の方にもお手伝いをお願いしましょう

　たとえ保護者会がなくても、事前にお手伝いをプリントなどで呼びかけて、お願いしてみましょう。必ず「できることはしましょう」とおっしゃってくださる方々がいてくださいます。当日の「来賓受付」や「花束受付」「会場整理」「誘導」など、大人が関わらないとうまく回らないところをお手伝いいただくとよいと思います。打ち合わせなどを重ねているうちに、お金がないことや、演奏会に対する子どもたちの頑張りを感じて、当日の「差し入れ」にも気合いが入ったりしたら……ありがたいですね。

提案その❾ ほかにも……

●司会は子どもたちが分担を決めて進行すると、アットホームな雰囲気が出ます。ちなみに私はというと、常に「自分で」司会をしていました。演奏会全体の構成上、その方がよいと思っていたからです。どちらにしてもよいと思います。
●お客様として、地域の老人ホームのみなさんや、小学生・幼稚園児をご招待するのも、なかなかホンワカした感じになり、また中学校のPRにもなります。さらに先生の受け持たれた代ではない卒業生にも声をかけて、手伝ってもらったり、聴いてもらったりすると、きっと喜んでくれると思います。
●校長先生に「ごあいさつ」をいただけると、演奏も聴いていただけますし、その先、

第 4 章　コンサート

より理解し、支援してくださるようになると思います。

　ここまでをきちんとできる演奏会が1回でも成功すれば、いろいろな方々の理解が深まり、ホールでの演奏会ができるようにだんだんとなってゆくと思います。そして、大きなホールで行なえるようになっても、ここまでの基本を押さえていれば、必ず成功します。
……先生と部員のみなさんの心がひとつになって、思い出に残る良い演奏会になりますようお祈りしています。頑張ってください。

> **顧問の ひとりごと**
>
> 演奏会の舞台で卒業してゆく君たち……
> ひとりひとりの顔を見つめながら、3年間の想いを言葉にしてゆく。
> あなたも、じっとこちらを見つめて、涙ぐんでいる。
> 大人になっても、音楽と友達でいてほしい。
> 辛いときには音楽が支えになってほしい。
> 「ありがとう」と「ごめんなさい」の言える人になってほしい。
> そんな想いで、過ごしたこの3年間……
> ありがとう……さようなら……
> 私はいなくなっても、あなたがたの母校はいつもここにある。
> 忘れないで……みんな大好きだよ。

165

コラム 選曲、プログラミングのコツ
～聴いて「美味しい」演奏会

　年間を通じて行なわれる「演奏会」。みなさんは、プログラミング（曲順や曲目・構成）をどのように工夫していらっしゃいますか。
　私は、発表会と演奏会は、はっきりと違う性質のものだと思っています。発表会は、ただ演奏しているだけで、頑張っているだけで、拍手をいただくことができるもの。演奏会は、お客様の視点で、お客様の立場で選曲や曲順を考え、そこで表現された「音楽」に対して、拍手をいただけるものではないかと思います。
　よくあるのは三部形式で、1部に大曲、2部はステージドリル、3部がポップスという形。二部形式で1部がマーチと大曲、2部がポップスとダンスなど。どれもステキだと思いますが、ちょっと視点を変えてみても、「聴いて美味しい演奏会」ができます。

★「フルコース料理」のようなプログラム作り

　例えば、どんなにお肉の好きな人でも、すき焼きの次にハンバーグが出てきて、次にステーキが出て、ビーフシチュー、それからトンカツが出てきたら……（『テレビチャンピオン』なら別ですが）……もう、味わうどころではなくなってしまいます。
　ひとつの演奏会も、料理と同じように考えてみます。バランスの良い「フルコース」です。メインディッシュはひとつかふたつ。つまり、自分たちが頑張って是非、お客様に聴いていただきたい大曲は1曲か2曲にします。あとは、お客様の立場に立って、「疲れないように」配慮します。

★プログラムの一例

- 前菜……マーチなど
- 食前酒……ポルカ、ワルツなど
- パン……軽いポップスなど
- サラダ……ラテン、タンゴ、オペラのアリアなど
- メインディッシュ／魚……吹奏楽オリジナル、アレンジの大曲など
- 箸休め……コラール、日本の歌など
- メインディッシュ／肉……吹奏楽のオリジナル、アレンジ、コンチェルトなど（ゲストを招いてのコーナー、ステージドリルなど）
- デザート……ポップス、懐メロ、アニメなど
- コーヒー（お茶）……映画音楽、歌謡曲など
- アンコール……そのときに合わせて

　これでだいたい、休憩を入れて、2時間の演奏会になります。曲目だけ見るとバラバラで脈絡のないもののように感じますが、プログラムを「プログラム」とせずに「メニュー」として、そこに、お料理の紹介もレストランのようにしてゆくと、ちゃんと脈絡ができます。そこには「構成力」が必要になります。

第 4 章　コンサート

★プログラム作りの工夫

　市民バンドでは、毎年、秋にも2時間の舞台をさせていただいていましたが、そこでは「ビストロ・フェルマータ」と演奏会の名前を決めてしまって、プログラムは見開き全部、レストランや料亭のメニューと同じ形式にして印刷していました。

　フレンチにしたり、和食にしたり……自分が食事に行ったときに、気に入った「おしながき」があれば、もらってきて参考にしたりしました。

★演奏者側の困難

　ここで難しいのは、演奏者のイメージの転換です。メニューとして成立していても、実際の演奏となると、いろいろなジャンルの曲がごちゃ混ぜになっているからです。脈絡をきちんと把握して、1曲1曲のイメージをしっかりと持っていないと、音楽の色が出ず、ただ演奏しているだけになってしまいます。ゲネプロを何回も行ない、イメージの統一を図ることが大切です。

　コンクールや連合音楽会などを除けば、一般に演奏会にご来場くださるのは、学校でも、市民バンドでも、年齢層が広く、小さなお子さんからご高齢の方々まで、また、吹奏楽とは何の縁もない方々が多くご来場くださいます。そういうお客様に、「あー、疲れがとれた」とか「元気になった」とか「楽しい演奏会だった」とか「美味しくてまた食べたい」などと、言っていただけたら、最高に嬉しいと思っています。

　どんな料理でも「満腹」の限界を超えてしまうと「当分、見たくもない」状態になってしまいます。「腹八分目」で、「もうちょっと食べたかったな」くらいの分量がちょうど良いと思います。くれぐれも、欲張らないプログラミングをお勧めします。

　どうぞ、みなさん、すてきな演奏会を……。

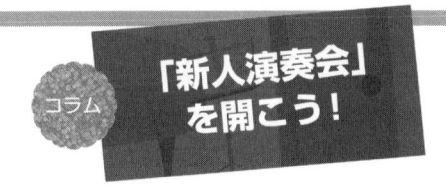

コラム　「新人演奏会」を開こう！

　新入部員が、「主役」になれる演奏会……それが新人演奏会です。チャンスは一度、入部した年だけに訪れます。
- **開催時期**＝6月か、7月初旬
- **場所**＝校内の音楽室、図書室、オープンスペースなど、少し広い場所
- **お客様**＝吹奏楽部の保護者、校内の先生方、職員の方々
- **演奏時間**＝休憩なしで、40分〜50分
- **開催日**＝休日の午後

　新入部員は、だいたい5月くらいに、本入部となります。そこから、パートを決め、楽器の持ち方、手入れの仕方、音の出し方から学んでゆきます。そんな、新入部員の6月は、やっと音階が出せるようになったくらいです。その「新人」たちが、「お父さん、

お母さん、私たちは、ここまでできるようになりました。これからも応援してください」というメッセージを込めた演奏会が、この「新人演奏会」なのです。

　準備は、上級生たちがします。チラシの制作、印刷、配布。練習の指導。当日の会場の飾り付け……すべて上級生たちが行ないます。新人も含めた部員全員で行なうのは、招待状作りです。校内の教職員すべてに、「手作り」で招待状を書きます。でき上がった招待状は、書いた本人が、先生方、職員のみなさんに、直接、手渡しします。こうして、心をお届けするのです。

　演奏会は、二部形式で行ないます。
●**1部**＝会場には上級生のみが入り、新人の席は空席です。上級生たちのマーチの演奏が始まると、それに合わせて新人が入場します。会場からは拍手がおきます。

　上級生の司会進行によって、新人だけの演奏に入ります。

　まずは「マイソング」のソロ発表です。ここでは、それまで出た音で演奏できる、簡単な曲を披露します。例えば、トレミファソまでしか出ない生徒は「メリーさんの羊」。もう少し出せる生徒は、「キラキラ星」「トトロのさんぽ」など……何でもよいのです。ただし、「音楽的に」演奏できるように、練習を積みます。それぞれの演奏の前には、パートリーダーがその部員の紹介を丁寧にします。「こんなところが頑張りやさんです」「こういう良いところがあり、すばらしいです」など。演奏は、本人より、パートリーダーや上級生の方が緊張しています。まちがえても、それはそれで場の雰囲気が和みます。演奏が終わると、会場全体がホッとします。そこですかさず、隣にいる上級生が、きれいにラッピングした１輪のお花をプレゼント……これを、人数分繰り返すのです。会場のママやパパたちは、「うちの子」のビデオ撮影に熱中しながら、涙目です。

　次に、新人は簡単な曲を簡単な調で演奏し、それを上級生がバックアップし、つなぐような、新入部員と上級生が一緒になって演奏できる曲を演奏します（ポール・ヨーダー《ビギナーズデビュー》、後藤洋《ハイブリッドマーチ》《ヤング・ミュージシャンズ・バリエーション》など）。

　１部の最後は、新人だけで、簡単なサーカスマーチを演奏します（『リバティー・マーチフォーリオ』『プロモーション・マーチフォーリオ』などから）。
●**2部**＝間近に迫った、コンクールの曲を披露します。まだまだ未完成の「使用前」の状態ですが聴いていただき、コンクール本番での「使用後」の変容を味わっていただこうという趣旨です。

　最後に、全員で、先ほどのサーカスマーチを演奏します。そこで、新人が「お父さん、お母さん、先生方、これからも見ていてください」と、MCを入れます。……ここで、保護者号泣まちがいなしです。

　吹奏楽部の活動には、保護者や、先生方の理解がとても必要です。上級生たちは、入部した頃の自分を思い出し、兄弟のように新入部員を思いやります。何よりも、入部間もない新人たちが、「音楽は楽しい」「吹奏楽は楽しい」という成功体験を得ることは、大切なことなのです。

第4章　コンサート

集客の方法

相談ファイル

バンドジャーナルでいろいろな演奏会の記事を見ていると、ある学校の定期演奏会で、会場が満席の写真が載っていました。そこは、有名校だからだと思いますが、自分の学校のように、とくにコンクールなどで大きな実績のないバンドは、集客にいつも苦労しています。やはり、身内だけではなく、一般のお客様にたくさん聴いていただくことが、子どもたちへの励みにもなると思います。多くのお客様にコンサートにご来場いただけるヒントがあれば、教えてください。　　　　　　　　　　　　　　（高校・国語科・30代・男性）

★演奏会のテーマについての共通理解を

まずは、その演奏会のコンセプト、テーマをはっきりさせましょう。例えば「ホッとする和みのある演奏会」とか「ウキウキとする、エキサイティングな演奏会」など、その演奏会が終わったときに、お客様に「どう感じていただきたいのか」を決めて、それを全員共通で理解することから出発するとよいと思います。なぜならば、その点がはっきりしていれば、どんな気持ちでお誘いしてよいかがはっきりとし、自分たちの演奏会の構成全体が見えてくるからです。

提案その❶　「絶対に良い演奏会だから来てください」と言える気持ち作り

まずは、お誘いするときの「共通の言葉」を作ります。しかしこれは、なかなか言える言葉ではありません。なぜならば、演奏会の集客を始める頃というのは、まだまだ練習の途中で、曲が仕上がらず、苦労ばかりで、先が見えないときだからです。本当にどんな演奏会になるのかも分からない不安な時期に、あえて人様に「絶対に後悔させない」とか「楽しくて必ず良い演奏会だから」とか「技術は未熟でも、気持ちじゃ絶対に負けないから」とお誘いすることは、とても勇気のいることです。

人様に何かを差し上げるときに「つまらないものですが……」と言うのは日本人の美徳ですが、「美味しくて珍しいお菓子なので、ぜひ召し上がってください‼」と言われた方が食べたくなりますよね。それと同じだと私は思います。また、そういう言葉を口にすることで、自分への「良い意味でのプレッシャー」がかかり、「やり遂げなければならない」という決心へとつながるのだと思います。

提案その❷　パートごとの集客ノルマ作り

　例えば、部員が50名。借りているホールが1000席だったとします。すると、ひとりあたり20名のお客様を呼べば、単純計算で満席になります。これにもとづき、大きな模造紙に「パート別、ノルマ表」を作成します。縦軸を人数、横軸をパートに設定し、棒グラフを作るのです。例えばフルートが5名いたら、最初に5名分のノルマ、100名のところに点線で棒グラフを書いてしまいます。そこに、毎日毎日、その日取れたお客様の人数を色で塗りつぶしてゆくのです。ひとりのノルマは20名ですが、人によってはそんなに取れないこともあります。また逆にそれ以上呼べるという人もいます。そこで、パートの壁を越えてお互いに助け合って、やり取りができるようにして、結果としてノルマが達成できるようにします。また、校内の先生方や同級生たちは、お誘いが重複しないように気をつけます。このように常に全体の状況を示すことにより、日々の集客予想の変化が「目に見える」ようになります。すると「まだまだだめだ、頑張らないと」とか「どんどん増えてきた……いいぞっ」というように、チームの意欲が高められます。「今日の集計結果」として、毎日練習の最後に係が発表することも大切です。元気が出ます。

提案その❸　「確約客」を明確にする方法

　お誘いしても「うん、聴きに行くから頑張ってね」と言ってくださっただけでは、本当に当日、その方にご来場いただけるかどうかは不確定です。本当にご来場くださる可能性の高いお客様を私は「確約客」と呼んでいます。これを確定させる手段は「電話」と「対面」です。ずいぶん以前に声をかけた人などは、もう忘れている可能性もあります。そこで本番の1週間くらい前から、1回声をかけた人に今度は電話をかけたり、直接会ったりして心からお待ちしていることを伝えます。メールは返信待ちですから基本的に使いません。生徒がお誘いする相手は、先生、同級生、友人、近所の人、親戚などが多いので、これが可能なのです。ここで「必ず行くからね」と言ってくださった方が「確約客」です。提案その2のノルマ表には、今度は別の色で、確約客の数を上から塗りつぶしてゆきます。これで「満席達成」ができるのは、だいたい本番の2〜3日前が多く、前日ということもあります。そこで「うおぉぉぉーっ、やったぁー」と全員で雄叫びを上げて喜び合うのです。

提案その❹　チラシの配り方

　演奏会をするときに、ポスターとチラシは手作りであっても多くのバンドが作ります。このチラシ……通常は、お付き合いのある学校や団体へのご案内に同封します。また、地域の公民館や図書館など、人の集まるところに置かせていただきます。

第4章　コンサート

部員たちはいくらかを持ち歩き、お誘いするときに、手渡ししたり、卒業した学校へ持参します。顧問は招待客へのご案内に同封して郵送します。さらに他校の定期演奏会に持参して、プログラムに折り込ませていただきます。……これらはすべて効果的な方法だと思います。

加えて「ポスティング」はいかがでしょう。何よりも「地元地域のお客様」に対しては効果的な方法です。地域の拡大地図を広げ、それをふたり1組の人数分で区分し、1件1件のポストに確実にチラシを入れてゆくのです。本番の1～2週間前になったら全員で練習をせずに、地域にチラシを抱えて出動し作業をします。マンションなども、すべてのポストに入れますのでその数は大変なものです。ポスティングのために、チラシをきれいに3つ折りする作業も大変です。校内で印刷したとしても、いろいろ合わせて2万枚くらいは必要です。……それ……む……無理、ムリ、むり……確かに……。絶対にやった方がよいわけではありません。興味のある方はお試しください。最初は、学校周辺の家々から始めれば、時間も手間もそうかかりません。こういう作業過程を通じて、子どもたちは「演奏会をすることがどんなに大変なことなのか」を理解し、いろいろな場所でたくさんの方々に激励されることにより、「絶対に成功させたい」という意欲が高まります。

提案その❺　保護者のネットワークを活用

保護者のみなさんは、実にいろいろなネットワークをお持ちです。また、PTAの役員会などにもご協力いただくと、その力はパワーアップします。クチコミで、あるいはチラシを配ってくださったり、ポスターを貼らせてくださったり、様々な形で力を貸してくださいます。まずはお話してみてください。

提案その❻　無駄な来賓席は作らない

演奏会に行くと、たまに、中央の一番良い席にロープがズラッと張ってあり、開演しても空席ばかりの光景に出会うことがあります。こうなると、早くからいらしていた一般のお客様に、不公平感を与えてしまいます。これを避けるために、「返信はがき付き招待状」を来賓のお客様にお送りしてみてはいかがでしょう。つまり、この返信はがきに「出席○名」と書いて投函してくださった方の数のみ、お席を用意すればよいわけです。さらに開演後は、まだいらしていない出席予定の来賓席も一般に開放し、遅刻のご来賓には一般席にまわっていただきます。これで、お客様には良い席で鑑賞していただける機会が増え、演奏者にとっても、真ん中の一番目立つ席がガラガラでガッカリ……という光景は避けられます。

提案その❼ チケットを作って、有効活用

　無料の演奏会であっても、「入場整理券」という形でチケットはあった方がよいと私は思います。「もぎり」のできるスタイルのものであれば、もっとよいと思います。なぜならば、まず子どもたちは、こういうところで「発表会」と「演奏会」の具体的な違いを認識できるからです。また、チケットがあれば、当日の入場者数の把握ができ、次年度に配布し過ぎて入場制限がかかり、せっかくお運びくださったお客様をお帰ししなければならないリスクも軽減できます。「演奏会」にチケットは欠かせないものです。それは既製品でも手作りでも、きちんとしたものであれば、お客様もお誘いしやすいし、自分たちの気持ちもシャンとします。

　さらに、この「もぎり」の部分に「整理番号」を打っておきます。例えば「0……1」とか「1……1」「2……1」という具合に、頭の数字を変えておきます。すると、本番後にこのもぎりを整理して、0番台は部員が呼んだお客様、1番台は地域に置いたチケットでご来場くださった方、2番台は学校や団体あての案内からのご来場者……という具合に、来場者の分類ができるのです。すると、その演奏会の来場客の傾向が読め、次年度への対策が立てられます（地味ですが、いわゆるマーケティングリサーチは、あとから効果が出ます）。

提案その❽ 手作り招待状で先生方の心を掴む

　校内の職員さんや、先生方には、一年中お世話になっています。そうした日頃の感謝の気持ちを込めて、常勤の先生方だけにではなく、警備員さん、主事さん、事務室の方々、非常勤講師の先生方にも、部員たちで手分けして、手作り自筆の心のこもった「招待状」にチケットを添えて持参します。あくまで対面にこだわり、部員たちの言葉でご招待します。なかには、肝心な情報を書かないで渡してしまう子どももいるので、共通して入れる情報はあらかじめ示しておきます。

★次年度からのさらなる集客アップ作戦
● 「お礼状」は必ず出しましょう
　終演後1週間以内にお礼状を出しましょう。バンドとしての正式なものも大切ですが、部員たちが個人的にお誘いしたお客様に対しては、部員たちひとりひとりが、これも電話かメールできちんとお礼をします。また、お花やご祝儀、祝電や品物をくださった方には、その旨のお礼も書き添えましょう。
● 来られなかった方々にもお便りを出しましょう
　来られる予定でご来場にならなかった来賓客には、「終演の報告」と「謝辞」、そして当日の「プログラム」をセットにして送りましょう。その方は来年、必ず来てくださいます。

第4章　コンサート

●アンケートを取っておきましょう
　アンケートは取りっぱなしではなく、必ず「分析」しましょう。どんな分析でもかまいません。バンドに必要な情報を分析します。また最後に住所とお名前を記入してくださった方々の情報は顧客名簿に登録し、次年度にダイレクト・メールでご案内しましょう。

●ポスターは貼ったら、はがしに行きましょう
　頼むときだけ頼んでおいて、終わったら知らんぷりでは失礼になります。先様がもうはがしてしまったあとでも、「ありがとうございました、はがさせていただきます」と言えば、「来年もまた貼ってあげるよ。頑張ってね」と言っていただけます。地域へのバンドの印象も良くなります。

　いかがでしょうか。
　すべてではなくとも、このなかから取り入れてみてもいいな、と思うものをお試しいただければ幸いです。演奏会は演奏だけではうまくゆきません。お客様がご来場してから、お帰りになるところまで、トータルで気持ち良く過ごしていただけるような気配りや、工夫をしてみてください。きっと「気がつけば満席」になる日は来ます。応援しています。

顧問のひとりごと

開演前の緊張のひととき……
「今日のお客様はどれくらいかな……」みんな気にしています。
チラッと緞帳から見る客席……「うわっ！　いっぱいだぁ」誰かが声をあげます。
高まる心臓の鼓動……みんな大きく深呼吸……いよいよ本番の幕が上がります。
上がる緞帳の向こうには、満員のお客様……みんなの顔が高揚しています。
この日のためにやってきた……この日のために頑張った……。
今日は一生に一度の「出会いの場」……
「ありがとう」の心を込めて、気持ちをひとつに「音楽」でお客様にお返しします。
定期演奏会にようこそ!!

学校行事での演奏

相談ファイル

　今年から卒業式で吹奏楽部が演奏することになりました。これまでは「厳粛な式典の場で、生徒たちの演奏でいいのか？」という意見も管理職からあって吹奏楽部は演奏していませんでした。ただ、1・2年生の部員たちの「お世話になった先輩方の晴れ舞台を自分たちの演奏で送り出したい」という気持ちが強かったので、顧問である私が掛け合って今回演奏が実現した次第です。校長からは「町長さんもみえるのでよろしく頼むよ」とプレッシャーをかけられています。また、それならば入学式でも演奏してほしいと言われました。自分で言い出しておきながら、結構なストレスとなっています。卒業式・入学式での演奏を成功させる方法や、練習で注意すべきことがありましたら教えてください。
（中学校・音楽科・20代・女性）

　吹奏楽部の演奏を式典でさせていただけることは、バンドの存在を認めてもらえた証しだと思います。先生、頑張りましたね。よかったですねぇ……おめでとうございます‼　コンクールやコンテスト、地域の演奏で頑張っていても、校内で役に立つことが、バンドにとって一番大切なことだと私は思います。「ないよりは、あった方がいいね」と職員や保護者の方々に言っていただける活動が、何よりのことと思うからです。
　それでは、具体的な方法を考えてまいりましょう。

提案その❶　選曲は、雰囲気を考えて行ないましょう

★卒業式　～入場は厳かに、退場は感情移入～

　卒業式は一年で最も厳粛な式典です。入場は厳かに、静かな曲が良いと思います。反対に退場は、生徒たちの心にググッとくるにふさわしいポップスや歌謡曲が良いと思います（私はいつもそうしていました）。

●曲の例……

入場曲＝エルガー《威風堂々》、團伊玖磨《祝典行進曲》、《新・祝典行進曲》、行進曲《希望》など。

退場曲＝《さくら》、《コスモス》、《栄光の架橋》（ゆず）、《贈る言葉》、《乾杯》など。

第4章　コンサート

★入学式　〜入退場ともに、元気が出るように〜

　入学式は晴れ晴れ、ピカピカの1年生たちです。希望があって元気が出るような「マーチ」での入退場がお薦めです。マーチならば、品格も損なわれず、緊張した生徒たちが歩きやすく、また時間が読めない式の中で、どこで終わっても違和感なく演奏できます。

提案その❷　打ち合わせは担当者と行ないましょう

　管理職との打ち合わせは、とくに必要ないと思います。それよりも各担当の先生方との打ち合わせがとても重要です。

★演奏場所の確認と決定

　会場設営の責任者との打ち合わせです。卒業式の形、卒業生の人数、出席在校生の人数、来賓の位置、ピアノの位置など、いろいろな条件によって違うので、担当者と決めてください。指揮者が卒業生の動きを見ることができれば、どこの「すき間」でもよいと思います。なるべくコンパクトにまとめること、目立たないことがポイントです。

★入場のタイミングの決定

　式場の入り口に立ち、合図を出す担当者との打ち合わせです。これは、卒業生、新入生のその年の「人数」と、式場の「広さ」と、歩かせる「動線」によって違ってきます。経験上、5クラス以上で普通の体育館であれば、曲頭から入場してもよいと思いますが、4クラス以下の場合、曲頭から入れると、演奏してこれから……というとき（音楽のサビの部分等）に、全員が着席してしまいます。その場合はしばらく曲先行で演奏を開始し、「ここっ」というところで、入場の合図を出していただけるように、担当者と打ち合わせをしておきます。実際に曲を演奏し、聴いていただいて確認します。それでも人数が少なく、演奏時間が余る場合は、生徒の動線を長くして時間を増やしていただく方法もあります。いずれにしても、きれいに始まり、きれいに終わることがベストです。

★式場外での演奏がある場合

　式典後、「卒業生の見送り・送り出し」をする学校もあります。その場合、吹奏楽の演奏をさせていただけるのであれば、担当の先生と演奏場所の確認もしておきましょう。これは、生徒会を担当している先生の場合が多いと思います。

提案その❸　練習は前後の予定も考えて効率的に行ないましょう

　2月・3月は、学校によって様々ですが、定期演奏会を控えているバンドも多いと

思います。「定期の曲」、「卒業式の曲」、「入学式の曲」をそれぞれ整理し、ダブらせる曲も入れてみると負担も少なくなります。年間のレパートリーの中から「使い回し」のできるものもあるはずです。歌謡曲などはあえて難しい編曲を使用せずに、「メロディーと伴奏が付いている」原曲に近いアレンジの楽譜を選ぶとよいと思います。そしてそれらの曲は「毎年使う曲」としてレパートリーにしておくと、来年も活用できます。

　それからもうひとつ大切なことがあります。子どもに「暗譜」をさせましょう。指揮をしている間には、何が起きるか分かりません。臨機応変に（どこで止めてもいいように）対応するためには、暗譜が必要です。

提案その❹　予行練習での注意点

★卒業式は、本番と同じ入場をしてもらいましょう

　3学年の担任の先生方と、入場のタイミングを合図する先生に、事前にお願いしておきます。間の取り方、歩くスピード……全部本番と同じにしていただきます。そうした上で、ストップウォッチで実際の時間を計測します。予行の演奏で短かったら、どこを繰り返すのか。長かったら、どこをカットして飛ばすのか。それらを次回の練習で徹底させます。これで本番は大丈夫です。

★入学式は、ぶっつけ本番

　反対に、入学式はぶっつけ本番ですが、時間は生徒数、クラス数で、だいたい考えておきます。マーチの演奏ならばどこで切っても格好はつくので、やはりマーチがお薦めです。

提案その❺　いよいよ本番です

★当日の朝の練習について

　卒業式も、入学式も、朝は係生徒たちが招集されて、いろいろと仕事や準備があります。吹奏楽部員も係生徒になっている場合が多くあります。そこで、係生徒の招集時間よりも前に、15分でも20分でも許可を得て早く登校させていただき、先に練習（ゲネプロ）をしてしまいます。管理職に事情を話せば、当日だけの許可はいただけると思います。また、保護者へも事前に理由を説明してお知らせしておきます。ゲネプロ終了後は、係になっている生徒はそれぞれの場所へ行かせ、それ以外の生徒は個人練習後、セッティングをさせます。または前日に会場にセッティングをしてしまい、当日の朝は会場でゲネプロができると楽です。

★生徒たちへの注意事項

●本番中は、卒業生を見ないようにし、指揮者に集中する

部活動などでお世話になった卒業生たちを見てしまうと、泣いてしまう生徒が必ず出ます。すると演奏にならなくなります。また、臨機応変な演奏の変更に対応できません。ここは辛いけれど、学校全体のために辛抱しましょう……と話して聞かせます。

● 指揮者の合図を決めておく

例えば、繰り返しをするときには「右手を左右に振る」。繰り返さないときには「そのまま」。曲の最初（頭）に戻るときには「頭に手を置く」。強制終了のときには「バッテンを作る」などです。指揮者の合図を決めておき、本当にその通りにできるかどうか、ゲネプロで確認しておきます。

● 演奏後の「動き」を確認する

式場での演奏終了後、今度は花道で卒業生を送る儀式をする学校もあります。その場合、雨天の場合は室内のどこにセッティングするのか、晴天の場合は校庭のどこにセッティングするのか、動線と運ぶ楽器を確認します。また、すべて終了後の撤収の手順の確認もしておきましょう。

● 先輩へのプレゼントは、別の場所で

「送り出し」のときに、他の部活動や委員会の生徒たちは、それぞれの先輩に花やプレゼントを手渡しできる学校もあります。しかし、吹奏楽部は演奏しているのでできません。その場合は別の場所をセットしてあげるか、事前に済ましておくかの方法をとり、子どもたちの気持ちも満足させてあげましょう。

提案その❻ 本番後の反省は、その日のうちに

★ その日のうちに、ミーティング

まずは、褒めてあげましょう。どんなに学校の役に立ったのかを説明してあげてください。それだけで、大きな達成感を子どもたちは得られます。

次に演奏の反省や、動きの反省、気持ちの面での反省など……その日のうちに終わらせましょう。書いて残しておくと、次年度でも役に立ちます。
「……させていただけた」という、感謝の気持ちも、指導者が言葉にすることで、子どもたちの心に入ってゆきます。大切なことです。

★ 各種アンケートを見せてもらいましょう

職員の行事反省、年度末反省、保護者の感想など……第三者の客観的な意見も参考にしてください。演奏するだけで、吹奏楽部は目立ちますから、なかには、中傷や、やっかみのようなものもある場合があります。それは無視……ムシです（そういうものに、いちいち傷ついてはいけません）。

提案その❼　最後に、ついでのご提案

★式典会場で、開式前に演奏する

　開式前は、卒業生や新入生の入場前に、在校生が入ったり保護者が入ったりします。在校生の合唱練習も一段落したら……BGMとして演奏させていただきましょう。それぞれの式にふさわしい歌謡曲や、ポップスを演奏するだけでムードが盛り上がり、会場も静かになって一石二鳥です。このときの選曲は少し「古い」方が良いと思います。対象が保護者ですから、保護者のみなさんが思い出にひたれる曲がベストです。

★入学式で「部員勧誘」作戦

　入学式では、式典後の演奏のチャンスはありません。チャンスは「新入生の登校時」にあります。だいたいが、どこかで名簿のチェック、確認作業、クラスの確認をします。その近辺で、「歓迎演奏」をするのです。これは、生徒会の先生の許可をいただければ大丈夫です。あくまで「勧誘」ではなく「歓迎」と言います（言うだけです）。しかし実際には、新入生たちにとっては、驚きであり、吹奏楽部があるんだ……というアピールになります。入部してくる新入生たちに聞くと、「入学式での演奏がかっこ良かったから」という生徒が結構います。これですっ！　ぜひ、お試しください。

　以上が、卒業式・入学式の演奏の手順と注意事項のご提案です。これは自分の経験に添っているので、まだ他にもあるかもしれません。近隣のベテランの先生で、実際に実施なさっている方にも助言をいただいてください。
　先生の学校のバンドが正式に認知され、学校の役に立つことをお祈りしています。あまり「すごいこと」をしようと思わずに、やさしい曲を丁寧に、心をこめて演奏なさってください。そして、「演出」や「手順」を「何事も流れに乗って」行なうことを心がけてください。きっと成功すると思います。生徒たちも、大きな満足と達成感が得られると思います。またこれが成功すれば、次年度からは「離任式」や「体育大会」などでも演奏させていただけるかもしれません。応援しています。頑張ってください。

第4章　コンサート

秋に行ないたい、地域での演奏活動

> **相談ファイル**
>
> コンクールも終わり、秋のイベントに向けて1年生も加えた編成で活動を開始しています。校内文化祭や、連合行事など、いくつかの本番があり、それに向けて練習をしています。緒形先生は、「秋こそ最も充実した本番の季節」と常日頃おっしゃっていますが、その意味が具体的によく分かりません。私は新卒まだ3年目で、どうしても、今までの演奏機会を踏襲したり、地域からの演奏依頼があっても、レパートリーがなくてお断りしたり、消極的になってしまうことが多いのです。また、ただ淡々と本番をこなしているような気もします。秋のシーズンを子どもたちと有意義に過ごすための、具体的なアイデアや方法を教えてください。　　　　（中学校・英語科・20代・女性）

　新卒3年目では、目の前のことをしてゆくのが精いっぱいだと思います。早くも秋のシーズンの大切さをお考えの先生は、すばらしいと思います。経験の豊富な先生や、黙っていてもいろいろな演奏依頼が来る学校は別として、この項では「初めの一歩」のところを、実際の手立てとして考えてゆきたいと思います。

提案その❶　訪問ボランティア・地域の演奏を積極的に行ないましょう

　秋は学校行事、連合行事の多い季節です。忙しいのですが、<u>子どもたちにつけたい力、育てたい心を考えたとき「地域での演奏活動」はとても大切な場</u>だと私は思っています。
　聴いてくださるお客様が自分たちの1メートルくらい先にいらっしゃる環境の中で、大ホールの舞台と客席という特別な環境での演奏会だけでは決して得られない、貴重な経験を「させていただく」ことができます。目の前で起きる「奇跡」のような出来事に、子どもたちは涙し、心が高揚し、音楽している幸せを実感します。<u>ここで大切なのは、指導者の子どもたちへのアプローチの仕方です</u>。ただ「はい、今度の日曜日に○○に演奏に行きます」ではなく、訪問する場所の種類、どんな方々が暮らしているのか、どんな気持ちで演奏に臨んでほしいのか、注意しなければな

らないことはどんなことか、そしてそれがどんなにありがたいことか……を、事前にしっかりとまず先生が理解し、子どもたちに伝えてください。この言葉かけひとつで、すべてが決まってしまいます。

提案その❷ 具体的な訪問先を絞り込みましょう

①老人福祉施設（老人デイサービスセンター・老人短期入所施設・養護老人ホーム・特別養護老人ホーム・老人福祉センター・老人介護支援センターなど）
②公共教育機関（小学校・幼稚園・保育園・養護学校・聾、盲学校・院内学級・教育委員会管轄出先機関・国際交流会・児童館・図書館など）
③地域（商店街・商工会・青年会議所・福祉作業所・YMCA・YWCA・イベント実行委員会・ロータリークラブなど）
④医療施設（病院・ホスピスなど）

その他にも、特別なイベントや、ホテルの催し、鉄道やバス会社の催しなど、探せばたくさんあります。

提案その❸ 待っていても本番はきません。「営業」しましょう

まず、自分のバンドの周辺の環境を知りましょう。特に、老人福祉施設と公共教育機関のチェックは必須です。最初は欲張らず、ここでは例えば老人福祉施設に例をとって、具体的な営業方法を考えてみたいと思います。
①持参するものは「名刺」です。それを持参して「ごめんください、初めまして……私は〇〇学校の〇〇と申します。責任者の方にお会いしたいのですが……」と飛び込みます（この時点で門前払いのときは、めげずに、次へ行きましょう、次へ）。
②今はどこの中学、高校でもキャリア教育の一環として「職業体験」が盛んです。だいたいの担当者は、その生徒の受け入れに対するお願いと勘違いされます。そこで、そうではなく「吹奏楽による訪問ボランティアをさせていただきたいこと」をしっかりと伝えます。
③次には、だいたいが「吹奏楽なんて知らない」、「大人数でブンチャカやられたら、うるさくて迷惑」、「そんな場所はない」と言われます。そこで、吹奏楽は決してうるさいものではなく、その場所に応じた音響が作れること。場所は天井の低い食堂の片隅でも、十分演奏できること。レパートリーは広く、懐メロから演歌まで何でもお好みの曲を演奏できること（えーっウソ、できなーい……いいんです、ハッタリですから）。運搬もセッティングも撤収も、全部自分たちですること。ボランティアなのでもちろん謝礼はいりません、ということ。子どもたちの心の教育として、ぜひ経験させてください、ということ。さらに、もしも利用者の方や担当者がうるさいと感じたら、すぐに演奏を中止して撤収するので、「お試し」に一回だけ使ってみてください、ということ（大丈夫、言われませんから）。……などを、クドクドと

第4章 コンサート

誠実に説明します。
④「うーん……そうですねぇ、うちではやったことがないけれど……」となったら、「それでは食堂かオープンスペースを拝見させていただけますか？」と、たたみかける。実際に見せていただいた場所がどんなところでも、まずは、「すばらしいですね」と褒める。「他所ではめったにこんな場所はなか

地域での演奏活動

なかありません。こういう場所を提供していただければもう十分です！　ぜひ、やらせてください」と頭を下げます。
⑤そこまで進むとだいたいが、「そうですか？　じゃ試しにお願いしてみましょうか」とか、「では、上司と検討してお返事します」となります。そうなったら、「ええっ!?　本当ですか!?　ありがとうございます!!」と90度の角度でおじぎをしましょう。
⑥ここで初めていよいよ、具体的な「打ち合わせ」に入ります（上司と検討の場合も、一気にこれはしてしまいます。その情熱を上司に伝えていただけます）。利用者のみなさんの平均年齢・男女比、車いす・ストレッチャー使用の方はどのくらいいるか、障害の程度・最高齢者の年齢、演奏日に誕生日の方がいらっしゃるかどうか、エレベーターの場所、搬出入の経路、駐車場にトラックが入るかどうか、乗用車は何台入るか、控え室はあるか、ない場合にはどこにケースや荷物を置くか、マイクは使用できるか、等々の打ち合わせを行ないます。演奏日と時間については、候補日をいくつかあげていただき、こちらの行事や試験の予定と合わせて後日、正式に決定という場合も多くあります。
⑦最後に、「今後も職場体験などで本校生徒がお世話になると思います。どうぞよろしくお願いいたします」と丁寧にあいさつをして、パンフレットを必ずいただいてから、失礼します。
⑧デジカメで演奏予定の場所を撮影することと、その施設までのバンドの往復の経路、交通手段、所要時間を計算することも忘れずに。
　これで「営業、1件ゲット」です！　老人福祉施設で営業が成功するようになれば、あとはずっと楽です。ガンガンゆきましょう。

提案その❹　保護者にクチコミをお願いしましょう

「どこでもいいので、地域で演奏がしたい」と、常日頃、保護者の方々にお伝えしておきましょう。すると、みなさんはそれぞれにコミュニティを持っていらっしゃるので、そのツテで演奏の話をいただける場合があります。その場合も「打ち合わせ」は「提案その3」を基本にして行ないます。ぶっつけ本番は避けたいものです。

提案その❺ レパートリーの作り方、演奏の演出を工夫しましょう

　そんなにあちこち、地域や訪問ボランティアをしていたら、どんだけレパートリーを作らなきゃいけないんだっ！……って、そうなんです。そうなんですが、大丈夫な方法があるのです。最初は数曲を使いまわして、だんだんと増やしてゆくとよいと思います。

●11月までのレパートリーとして、最初は15曲を目標にします。ええっ？　じゅうご？　そうです。しかし例えば、いろいろな「マーチ」、《森のくまさん》《さんぽ》的な曲、《青い珊瑚礁》《地上の星》などの歌謡曲、《りんごの歌》《あこがれのハワイ航路》《青い山脈》などの懐メロ、《お正月》《みかんの花咲く丘》などの童謡、《浜辺の歌》《ふるさと》などの歌曲、《アンパンマン》《ドラえもん》などのアニメソングなどのほか、文化祭や連合行事で使えるラテンやスタンダード・ジャズを考えてゆくと、すぐに15～20曲のレパートリーになります。技術的には決して難しい曲ではなく、初見練習としてバクバク楽譜を食べるようにさらってゆくと、意外とできるものです（京都の旧高木出版、ヤマハ、ミュージックエイト、顧問の手書き簡単編曲などで楽譜はそろえられます）。

●高齢者は懐メロが好き……という偏見は捨てましょう。実際にたくさんの老人施設に伺うと、みなさん、それぞれの人生においての思い出とリンクする音楽は様々です。決めつけずに、いろいろなジャンルのレパートリーを少しずつセットにして演奏すると、どこかで誰かの心のドアを「音楽」でノックできるものです。

●幼稚園や保育園の場合は、保護者の好みも考えましょう。PTAなどが主催する演奏会には、保護者も来場します。若いパパやママも喜ぶ思い出の曲を想像して、1曲は入れるようにしてみましょう。

●「歌」、「アンサンブル」、「リコーダー」などを加えることで構成に変化がつきます。吹奏楽だけでは聴いている方も疲れます。またこちらもレパートリーが不足しがちです。それらを補うのが「別の音楽の形」です。

●踊りや衣装、小道具で楽しい演出を工夫できます。お金をかけず、手作りのポンポンだけでも入れてみると、楽しい雰囲気になります。私はいつも、使用済みの缶ジュースやペットボトルにお米や小豆を少量入れ、外側をきれいな包み紙や布地、アップリケなどでラッピングさせています。この「手作りシェーカー」をどこへ行くにも大量に持参して、聴いてくださるみなさんに配り、一緒にシャカシャカ振って楽しんでいただくようにしています。気に入っていただけたら「おみやげ」として差し上げます。

●1回の演奏時間はだいたいMC込みで30分～40分を目安に。打楽器は楽譜の指定がどうであっても、ドラムセットと鍵盤がひとつあれば十分です。大きいものは最小限にしないと、小さい部屋ではバランスがとれなくなります。そのかわり小物はたくさん。これは聴いてくださる方々に配って、一緒に演奏に加わっていただくた

めに用意します。臨機応変がポイントです。

提案その❻ チームの状況に応じた編成と動きで、より良い達成感を得ましょう

　演奏自体は、30名前後の編成を上限にします。それ以上部員がいる場合は、演奏しないBチームを作り、聴いてくださる方々の横に付き添い、一緒に会話をしたり、手をたたいたり、歌ったり、シェーカーを配ったり、車いすを押したりして（必ず、事前に施設からの許可をいただいてください）お世話をします。それを本番ごとに交代で行なうことにより、2倍のありがたさで、子どもたちは達成感を得られます。

提案その❼ 結局、すべてが子どもたちのためになると信じて……

　焦らずに、少しずつ、できるところから始めましょう。毎年、積み上げてゆく中で、子どもたちの心には「目に見えない」宝物が蓄積してゆきます。また、クチコミで地域の中でも信用されてゆきます。「ありがとう」と言っていただける「ありがたさ」を肌で感じ、本来のボランティア精神が身につきます。「部員のみなさんにお菓子でも」と言われたら、「うちはビンボウなので、その代わりにメトロノームをください」と図々しく言えるようになります（最初からはできません）。そのうちに、先生ご自身も人様に心から頭が下げられるようになります。
　この秋、1本でもそんな本番ができるように、お祈りしています‼

顧問のひとりごと

「先生、あのおばあちゃん、車いすから立って踊ってくれました！」と満面の笑顔の子。
「先生、寝ながら聴いてくれたあのおじいちゃん、泣いていました」と泣いている子。
「先生、こーんなちっちゃい手でギュッて握手してくれたんですよ」と照れる子。
「先生、私にも"あんなとき"があったんですねぇ」と納得している子。
心が感じて動くから「感動」になる。
小さな感動は時として、大きく子どもたちの「心」を育てる。

コラム 「訪問ボランティア演奏／老人ホーム編」の実際例

　様々な老人施設に「訪問演奏」に伺う場合の、実際の進行（司会と曲目）と、留意点を、具体的な一例として、「台本」の形でご紹介したいと思います。

★設定
●施設
特別養護老人ホーム／入居者数＝80名
男女比＝8（女性）：2（男性）／最高年齢＝100歳／平均年齢＝80歳
地域＝原則として市内優先であるが、都内全域からの入居可
障害＝痴呆、認知症が主／車いす多数／ストレッチャー数名
施設の形態＝有料ではあるが、行政からの補助金あり
●演奏者
公立中学校吹奏楽部1年生～3年生／部員数＝43名
A班（演奏）打楽器4、フルートピッコロ3、クラリネット3、サクソフォン3、低音木管2、トランペット3、トロンボーン3、ホルン2、ユーフォニアム1、テューバ1＝合計25名
B班（お世話係）＝18名
打楽器はドラムセット、グロッケンのみ。あとは小物をたくさん用意。
●演奏時間＝30分～40分／演奏場所＝食堂（ランチルーム）
●留意事項
①開演の30分前には、すべてのセッティングを終了させ、利用者の方々の入場の妨げにならないようにする。
②B班は、階段やエレベーター前に行き、利用者の方々の介助のお手伝いをする。それぞれの方々がいらしたら、「手作りシェーカー」と「歌詞カード」をお渡しして、開演までお話相手になって差し上げる。
③A班は、その間、その場で簡単にチューニングし、あとはゆったりとした雰囲気を作り出す。
④車いすの方とお話するときには、ひざをついて、同じ目線で話す。
⑤寝たきりの方には、上からのぞき込まずに、横の少し上からお話する。
⑥記録のためであっても、写真撮影はスタッフの許可をいただいてから行なう（個人情報保護の観点から、利用者さんが特定されることを避ける傾向があるため）。

★司会進行（MC）次第で、雰囲気が変わる

　これは指導者が指揮をしながらしてもよいですし、生徒から司会者を出してもよいのですが、いずれにしても、曲目の紹介ではなく、「あの頃の思い出」を共感しながら語ること……ときには悲しそうに、ときには嬉しそうに、懐かしむように、まるでその時代を一緒に生きたように語ること……これが、とても大切だと私は思っています。
　なぜならば、訪問ボランティア演奏とは、「音楽で人様の人生に寄り添うこと」だと私

は考えているからです。
　生徒には少々無理があるので、私はいつも自分でMCをしながら指揮をしていました。

MC1
　みなさま、大変お待たせいたしました。これから「〇〇中学校吹奏楽部」によります演奏会を始めます。

曲１／マーチ（いつも演奏している、簡単で短いもの、または《トリッチ・トラッチ・ポルカ》なども、とても受ける）

MC2
　みなさまこんにちは、私たちは「〇〇中学校吹奏楽部」と申します。今日は短い時間ですが、私たちはとても楽しみにしています。みなさんと一緒に楽しい時間を過ごしたいと思います、どうぞよろしくお願いいたします。
　１曲目は行進曲（ポルカ）で、元気に始めました。
　これからはしばらく、みなさんと一緒に懐かしい時代を思い出してゆきたいと思います。２曲目はみなさんよくご存じの《丘を越えて》です。歌詞カードで一緒に歌ってくださったらとても嬉しいです。また、お手元のシャカシャカは（実際にシャカシャカしていただいてから）自由にいつでも鳴らしてくださいね。

曲２／《丘を越えて》

　＊注意事項
　　Ｂ班、お世話係の生徒たちは、歌詞カードで一緒に歌うが、ご本人が１番だけを繰り返しても、またごちゃ混ぜになっても、無理に２番や３番を歌わせようとしないこと。演奏中に、思い出話を始めた方には、制止せずに、その話を聞き、相づちをうつこと。

MC3
　いかがでしたか。この曲は、昭和６年に藤山一郎さんが歌い、大ヒットしましたね。前奏の部分は、作曲者の古賀政男さんがマンドリン奏者だったことから、有名になりました。
　昭和６年と言えば……あの「満州事変」が起きた年でしたねぇ。「のらくろ」は覚えていらっしゃいますか？　そうなんです、あの「のらくろ」が始まったのも、この昭和６年だったのですね。
　さて、次は《東京ラプソディー》です。

曲３／《東京ラプソディー》

MC4
　みなさんが一緒に歌ってくださり、とても嬉しいです、ありがとうございます。この曲は、昭和１１年の曲です。歌っていたのは？？　そうなんです、やっぱり、藤山一郎さんでしたね。
　この年の吹雪の夜、あの「二・二六事件」が起きました。寒い寒い夜でしたね、みなさんはあのとき、どうしていらっしゃいましたか？
　日本はどんどん戦争へと突き進んで行く時代の中で、明るい話題もありました。ベルリン・オリンピックで、水泳の前畑秀子さんが金メダルに輝いたのも、この年です。「まえはたガンバレ、まえはたガンバレ……」というラジオの中継を聞いた方もいらっしゃいますよね？
　さて、次はどんな曲でしょう、お楽しみに。

曲4・曲5／《リンゴの歌》《憧れのハワイ航路》
MC5
　終戦の年、昭和20年にヒットした、並木路子さんの《リンゴの歌》と、昭和23年にヒットした、岡晴夫さんの《憧れのハワイ航路》でした。
　この頃の日本は大変でしたね。ヤミ市では、ふかし芋やすいとん、しるこなどが、5円から10円で売られていました。
「フジヤマのトビウオ」と言われた、水泳の古橋広之進さんが世界記録を出し、私たちを勇気づけてくれましたね。のちにテレビ番組にもなった「黄金バット」もこの頃、連載が始まりました。
　さて、今日は、特別な方がこの中にいらっしゃいます。今日がお誕生日の○○○子様です。本日で、92歳になられました。みなさん、拍手をお願いいたします。
　それでは、お誕生日のお祝いの歌を一緒に歌いましょう。
　　　＊ここで《ハッピーバースデー》の演奏と歌を歌う。→お話ができるようならば、マイクでひとこと
○○様、ありがとうございました、さて次の曲へまいりましょう。

曲6／《銀座の恋の物語》
MC6
　昭和36年頃……みなさんはどんな毎日を送っていらしたのでしょうか。日本は景気が良くなり、東京オリンピック開催に向けて、どんどんと活気が出てきた頃です。あの頃のおそばの値段を覚えていらっしゃいますか？　おそばが一杯40円、ラーメンは一杯50円だったんですよ。みなさん、働き盛り、子育てに忙しい頃でしたね。
　さて、最後はジャズでお楽しみください。昭和20年代、スタンダード・ジャズは大変流行し、日比谷公会堂に並んだ方も、いらっしゃるのではないでしょうか。
　どうぞご一緒に手拍子やシャカシャカをお願いいたします。

曲7／《A列車で行こう》（ソロプレイやスタンドプレイも入れる。または、「ラテン」もノリノリで受ける）
MC7
　楽しい時間もあっという間に過ぎてしまいました。
　アンコールは、みなさんよーくご存じの《青い山脈》でお別れしたいと思います。
　これから寒い時期になってゆきます。みなさま、どうかくれぐれもお身体を大切になさってください。私たちも頑張ります。
　本日は、本当にありがとうございました。

曲8／アンコール《青い山脈》
〜終了〜
　　＊注意事項
　　①片付けは、利用者の方々が食堂を出るまで行なわない（利用者が危険）。
　　②A班、B班ともに、お見送りをし、お手伝いをする。
　　③楽器撤収後は、会場の掃除をし、原状回復を自分たちでする。

　以上が、「実際」の台本です。ここに、「合唱」を入れても、大変喜ばれます。経験上、コンチネンタル・タンゴも喜ばれます。戦中戦後に、大変流行したそうです。また、アンサンブルの形で《ふるさと》や《浜辺の歌》も喜ばれます。シロフォンを持ち込んで《ハスケルズ・ラスカルズ》のような、曲芸的パフォーマンスの演奏も喜ばれます。
　これはほんの一例です。まだまだ、みなさんのアイデア次第で、楽しく有意義な時間を作れると思います。

第4章　コンサート

チャリティーコンサートを開く

相談ファイル

　東日本大震災以来、自分たちに何ができるのかと真剣に考える毎日です。校内や、街のあちこちでは、義援金の募金が行なわれています。私も吹奏楽部の顧問として、「吹奏楽で、音楽で」何かができないかとずっと考えています。部員たち、卒業生や他校の顧問からも、そんな相談を受けています。しかし、私は自分でチャリティーコンサートを企画した経験がありません。どうしたら善意の心が届けられるコンサートが作れるのか、教えてください。

（高校・数学科・40代・男性）

　本当に……あの日以来、全国のあちこちでプロ・アマチュアを問わず、またジャンルを問わず、チャリティーイベントが開かれていますね。今回の震災に限らず、「チャリティーコンサート」は、音楽で支え合う気持ちを作る、とても大切な演奏会だと思います。ぜひ多くの方に呼びかけて実現させていただきたいと思います。単独で行なう場合、複数に呼びかけて行なう場合、いろいろな方法があると思いますが、ここでは複数に呼びかけて、短期間に行なう場合を想定して、ご提案させていただきたいと思います。

　チャリティーとは、「慈善の心での行為。とくに社会的な救済活動」のことを指します。
　ここには、「決意」や「信念」といった「気持ち」がとても大切です。「みんながしているからしてみよう」といった、流れに乗る気持ちではできないことです。それを確認した上で本気で取り組むことが大切です。

提案その❶　発起人と組織を作りましょう

① 発起人は数名の仲間に呼びかけて、「実行委員」を作る

　発起人とは思いついた人のことです。とくに名前の知れた人を掲げる必要はありません。先生のお知り合いや仲間、近くの学校や団体に「趣旨」を説明して、一緒に演奏もしくは協力してくれる人を集めるところから始めましょう。ここまでの作業は直接お会いしたり、電話でお話したりする方が、気持ちが伝わっていいと思い

ます。

② 「実行委員会」の集まりを持つ。
　仲間が集まったら実行委員会を組織します。まずは集まること、会うことが大切です。その際の席上では、以下のことを決めるとよいと思います。
●名称……おおげさなことではなく、シンプルな名前で十分です。
●日時・会場……無償で使わせていただける場所であれば、どこでもよいと思います。
●主催……○○○実行委員会（○の中には、コンサートの名称を入れます）
●協賛……施設を提供してくれるところ、顧問会、○○地区吹奏楽連盟などが、これに入ります。
●協力……楽器店、出版社、○○商店街、○○運送など、広告や、物品を無償で提供してくださるところが、これに入ります。
●開催趣旨……たとえば、今回起きた災害についてふれ、それに対してどのような考えに基づいてこの演奏会を行なうのか、といった基本的な考え方を示します。
●目的……募金活動により、○○○に義援金を送る。また、この演奏会を行なうことにより、演奏者側（子どもたち）に得られる「教育的価値」を考え、ここに入れます。
●義援金・支援金の送付先……これは、とても大切です。「趣旨」とも深い関係があります。
　「義援金」は、「日本赤十字社」と「中央共同募金会」のふたつです。「支援金」は、NPOやボランティア団体、協会など、具体的な用途を限定したものでいくつもあります。
　例えば、被災者の生活を支援したいのなら、「日本赤十字社」など「義援金」へ。被災した子どもたちの教育を支援したいのなら「あしなが育英会」「ワールドビジョン」など。また、被災したバンドに楽器を提供したいのなら、「全日本吹奏楽連盟」など「支援金」へ。
　集めたお金をどういう方向に使ってほしいのかをよく検討して決めます。大きなイベントでは、複数の団体の送り先を書いた「送り先別募金箱」を置いて、お客様に選んでいただいてもよいと思います。
●出演団体・演奏形態・構成・内容……ひとつの演奏会ですから、あまり長時間ではお客様が疲れてしまいます。急ごしらえでも合同バンドを作るなど工夫して、休憩を入れても2時間以内に収めます。どことどこが合同で、どこが単独演奏なのかを決め、最後に出演者全員による、「大合同演奏」が入るとさらによいと思います（曲目はゲネプロなしですぐにできるマーチや、元気や勇気が出る歌謡曲が望ましいと思います）。選曲はダブらないようにすることと、全体として楽しい曲や、コラールなどを織り交ぜられるとベストです。また可能であれば、吹奏楽だけでなく、合唱やアンサンブルなども入れると、お客様に喜んでいただけます（チャリティーコンサートでは、吹奏楽だからと聴きにいらしてくださる方ばかりではないからです）。

第4章　コンサート

- ●入場料……無料として、募金活動で義援金・支援金を集めることがよいと思います。
- ●経費……出演団体はプロ・アマを問わず、運搬や移動経費も含めて<u>すべて無償が原則</u>です。例えばチラシ・ポスターなどの紙代、その他の経費、運搬、<u>印刷</u>、事務、<u>通信</u>などは、事業者や商店などに呼びかけて無償で提供していただくか、広告費を協賛金としていただき、そこから支出するとよいと思います。
- ●広報……出演者・関係者による広報（学校便り・手作りポスター・チラシ）、保護者によるクチコミ、楽器店でのチラシ配布、地方行政機関・施設発行の区報・市報等への告知、音楽関係・吹奏楽関係の雑誌（『バンドジャーナル』など）・新聞社・地域のミニコミ紙・ケーブルテレビなどのマスコミを通じた告知など……考えつく限りの媒体を使いましょう。この場合の窓口は事務局の人があたります。
- ●問い合わせ先……実行委員会のメンバーのなかで事務局となる人を決めて、その人の連絡先を確認し、共有します。広報活動でもここを活用し、事後の義援金の送り主もここにします。
- ●会場地図……場所の確認だけでなく、楽器置き場や、動線経路、搬入口、控え室（可能ならば）など、実行委員や出演者が困らないような地図を作ります。

提案その❷　企画書を作りましょう

　<u>実行委員会で決まったことをまとめ、「企画書」を作ります。</u>一般的には、事務局になった人が作りますが、そういうことの得意な人が作ってもよいと思います。実際にはこの企画書を持参したり、送付したりしながら、いろいろな機関や団体に協力を求めてゆくことになります。「提案その1」で決めたことをその順番通りに文章にすると、そのまま企画書になります。これがあると、見ず知らずの方々にお願いする際に、信用していただけます。

提案その❸　係分担を決めましょう

　事務局だけですべてを行なうことは不可能です。実行委員会の人たちで、係を分担して効率良く時間を有効に使いましょう。以下が、各係の仕事とその内容です。地区の環境や演奏会の規模によって工夫してみてください。

- ●事務局……すべての問い合わせ窓口、企画書の作成、各種文書の作成、伝達をします。すべての人がメールアドレスを持っていたらメーリングリストを作り、利用することもよいと思います。終演後のお礼状兼、義援金報告も作ります。
- ●会計……経費のやりくり、本番当日の義援金の集計、義援金送付、収支報告をします。義援金の集計は終演後、手の空いている人全員で分担して行ないましょう。
- ●広報チーフ……マスコミ・機関誌などへの交渉、取材時の窓口になります。各団体への広報活動の割り振りをします。ポスターは、各校・団体で作成してもらい、

チラシについては原稿のみ共通のものを作成し、印刷は各校で必要枚数印刷をしてもよいと思います。
●プログラム……当日お客様に配布するプログラムを作ります。紙の節約のため、通常の演奏会のような「あいさつ」や「出演者紹介」をなくし、その部分に趣旨の説明や、義援金の使途などを明記しましょう。お客様が安心して募金に参加しやすいように工夫してください。
●司会……当日、本番の司会進行をします。台本があった方がよければ自分で作ります。こういう演奏会では、アドリブもかえって良い効果がありますし、曲目紹介などは各演奏団体に任せてもよいと思います。
●会場チーフ……会場との打ち合わせ（できれば事務局の人と一緒に行くとよいと思います）、舞台図面作成、セッティング指示、客席にするパイプ椅子を必要に応じて手配する指示をします。
●進行表作成……当日のタイムテーブル作成（チューニングはそのための部屋を用意するのではなく、舞台上で行なってもらうと楽です）。
●合同チーム責任者……急なことなので、わざわざ新曲に取り組まなくても、互いの過去のレパートリーが同じ団体どうしが合同を組むと、少ない練習で済みます。例えばここでふたつの合同チームができたら、「合同Aの責任者」「合同Bの責任者」という具合に、それぞれの責任者を決め、その人たちのあいだで曲目を決め、適切な練習日時を設定して各団体ごとに練習してもらいます（1～2回程度で済むように工夫できるとよいと思います）。
●楽譜手配……合同チーム、単独チームともにそれぞれにやっていただきます。最後に「大合同演奏」をする場合はこの係で手配します。
●指揮者……合同チームの場合、誰が指揮をするのか。最後の大合同演奏の指揮は誰がするのかを決めます。
●共通楽器……運搬軽減のため、共通で使う楽器を決めましょう。これを指示・管理し、返却まで責任を持ちます。運搬とも連絡を取り合います。
●運搬……原則、各参加団体で行ないます。ここでいう運搬とは、共通楽器の運搬と、パイプ椅子（会場のものだけでは不足の場合）などの運搬です。運搬に必要な車両については、事務局と連絡を取り合います。
●募金箱……各参加団体で準備してもらいます。その配置や募金のマナーなどを指示し、最後は会計に持ってゆきます。

提案その❹　その他の注意事項

●問い合わせ先には、必ずFAX番号を明記し、なるべくFAXでやりとりすると便利です（Eメールのやり取りより迅速な場合があります）。
●チャリティーコンサートは緊急の場合、発案から実施まで2～3週間で実施・完結まで持ってゆきますので、少々ずさんな部分があっても、みんなでカバーしてゆ

第 4 章　コンサート

く「心意気」が必要です。
●出演団体が、中・高生、若者で行なう場合は、そこに何らかの「教育的な意義」が存在しなければなりません。趣旨について子どもたちの心に染み込むような、指導と言葉かけを継続させ、「やらされている」のではなく「させていただく」気持ちへと、指導者として導くことはとても大切なことです。
●終演後は義援金の集計結果と、送付完了の「お知らせ」をホームページや礼状などでしっかりと告知しましょう。

　結構大変そう……できるかなぁ……大丈夫。できます。
　なぜならば、賛同して参加を表明してくださる方々には、「善い行ないを成し遂げる」という使命感があるからです。連合行事や他のイベントではなかなか決まらないことも、こういう演奏会ではみなさん自分から手をあげてくださるものです。また、普段の活動の中に割り込ませて行なうので、互いに時間がない忙しい状況です。だからこそ助け合えるし、仕事も不思議なことに早くなります。本当です。
　少し落ち着いた頃であれば、自分たちの演奏会の中でチャリティーを呼びかけて、募金箱を置いても十分に気持ちは果たせると思います。
　チャリティーコンサートは、行なう側の心の成長に必ずつながります。みなさんの「真心」が音楽になりますよう、お祈りしています。

コラム 「こんなこともありました……」❹

★定期演奏会、アンコールの「ぐちゃっ」と事件

　私はスクールバンドの他に、市民バンドでも指揮をしていました。その市民バンド……今日は年に一度の定期演奏会、大舞台です。満席のお客様をお迎えして演目も無事に終了。予定したアンコールも終了。それでもまだ拍手がおさまりません。舞台監督に押し出され、そのまま指揮台へ。何にしようか考える間もなく、私は「マーチ！」とメンバーに叫びました。しかしその日、楽団はマーチを2曲演奏し、さらに《潮風のマリー》という曲も演奏していました。マーチをマリーと聞いた人、各々のマーチを想像した人……私が棒を振った瞬間、3曲がいっぺんに演奏されてしまったのです。「ぐちゃっ!!」という世にもあり得ない音。私はパッと棒を止めてクルリと客席に振り返り、「どーもスミマセン！」と深々と礼。しーん……とした客席からどっと拍手がわき起こり、やんやの大喝采。「すばらしい演出だっ！」って……ち……違うんです。やらせじゃないんです……。(もちろん、ちゃんとやり直しました)

★定期演奏会「タオル」事件

　小心者の私は、定期演奏会前にもドドッと痩せてしまいます。あるとき、あんまり痩せて衣装がブカブカに……。本番直前、もう間に合わない。そばにあったバスタオルを腰に巻いてズボンをはいて舞台に出ました。第１部が終わり舞台上で深々と礼をしたら、何やら足もとから長く白いものが。舞台袖で引き出してみると、さっき腰に巻いたはずのバスタオルがズルズルッと……。（これを舞台上で引き抜いて汗を拭いたら「受けた」かも）

★文化祭・体育大会「ズボッと消えた」事件

　２校目の学校では、文化祭公演はいつも体育館で行なっていました。部員が増えて、舞台だけには乗りきれませんでした。舞台の前方に技術室から運んだ机を並べ、そこにベニアを渡して仮設で舞台を広げました。それでもギリギリで……指揮者が立つ場所がありません。仕方なく、私は、演台を置いてそこに立ちました。本番が始まりました。ノリノリで指揮していた私は……「あっ」と思う間もなく、仮設舞台と演台の間にズボッと落ちてしまったのです。それでも演奏は止まらず……何事もなかったかのようにすべては進んでいます。私はすき間からはい上がり、これまた、何事もなかったかのように続けました。

　同じようなことは体育大会でも……。入場行進の演奏中、パイプ椅子に上がって指揮していたとき、突然、突風が……ヒラヒラと私は飛ばされて、その辺にバッタリ。ここでも、演奏止まらず、何事もなかったかのようにすべては進行しました。要するに、指揮者はいなくとも、体制に影響はないということでしょうか。（痛かったなぁ）

★吹奏楽部は「清掃学部?」事件

　私たちの自慢は「清掃」でした。毎日毎日、朝練習の前に、全校の掃除を部員でします。学校を磨き、心を磨き、音楽を磨く……これが誇りでした。そんな部員たち……体育大会での「部活対抗リレー」の演出を考えました。ナント、リアカーにあらゆる清掃道具をくくりつけ、その上に顧問の私を乗せて、それをバトンにしたのです。そして、全力で走りました。終了後、体育科の先生が、鬼のような顔をして走り寄ってきました。「バカヤローッ！　お前たちが何本もほうきを引きずって走ったから、苦労して引いたラインが全部消えたじゃないかっ！」（本当に……ごめんなさい）

★新幹線に消えた「シャカシャカ」事件

　その年の修学旅行は、広島、京都でした。私は中学３年生の担任として、引率をしました。広島では、入学以来、全教科で取り組んできた、平和学習の集大成として、あちこちで班活動をします。吹奏楽部員の３年生たちは、被爆者特別養護老人ホームで慰問演奏をさせていただくことになっていました。楽器持参の修学旅行でした。老人ホームに伺うときにはいつも、手作りのマラカス「シャカシャカ」をたくさん持参します。缶コーヒーや、ペットボトルを洗って、中にあずきやお米を入れます。そこにきれいなアップリケを付けたりしてかわいらしく作る「シャカシャカ」……このときも、サンタクロースのプレゼントのように、大きな袋にたくさん作ってゆきました。広島駅に到着し、路面電車を待っているときでした。生徒がオイオイ泣いています……「どうしたの？」と聞くと……全

第4章　コンサート

部、新幹線の中に忘れてきた……と……。どうすることもできないので、みんなで慰めて、無事に演奏は終了しました。しかしあの大量のシャカシャカ……あのあとどうなったのでしょうか……。（JR西日本の方、あの不審物は、そういうわけだったのです）

★「奇跡の定期演奏会」

　私は、都内5校のスクールバンドで、それぞれ異動時に、「最後の演奏会」を経験してきました。どの演奏会にも心温まる思い出がありますが、その中でも忘れられないものがあります。

　「奇跡の定期演奏会」は、2校目で起きました。……私には、その演奏会の「記憶がない」のです。「記憶がない」ということが、「思い出」なのです。

　95年秋から96年春は、夫を亡くし、そのまま育ての両親の癌との闘病、介護に突入した時期でした。その学校には、11年も勤務しましたので、異動は周知のことでした。当時の自分はと言えば、ストレスから頭の毛は抜けて薄くなり、まつげは真っ白になり、毎月19日の夫の命日になると勤めを休んで泣き暮らすという情けない状態でした。

　当時、中学3年担任、進路指導主任。面談、高校説明会、進路指導、調査書、出願、受験、……副担任の先生、学年主任、チームの同僚たちに助けられながら何とかこなしていました。しかし、吹奏楽部の部活動にはいっさい行かず。その年のアンサンブルコンテスト出場申し込みも忘れ……全国大会を目指していた子どもたちの心を踏みにじってしまいました。毎年の定期演奏会のことも考えられず、ひたすら自分の殻に閉じこもって過ごしていました。

　96年2月の初旬だったと思います。それまで黙って、すべてのことを受け入れてくれていた部活の子どもたちが、初めて、こう言ったのです。

「先生、僕たちは、先生がどんなに辛いかと思うと何も言えません。でも、僕たちは、先生と、もう一度、音楽がしたいです。定期演奏会なんて、すごいものでなくていいです。ホールでなくて、いいです。音楽室で、先生と……先生と、最後の演奏会がしたいです。先生……お願いします。もう一度だけ指揮をしてください。」

　3度の全国大会出場を経験し、多くの輝かしいステージで喝采を受けてきた子どもたち。苦しい練習も、楽しい出来事も、すべてを一緒に味わってきた子どもたち。アンコン出場も流れてしまい、それでも、文句ひとつ言わずに耐えてくれた、子どもたち。その子どもたちが、目の前で、涙をポロポロこぼしながら、精いっぱいの力で話してくれたのです。……申しわけなかった……私は泣きました……言葉にできない想いが突き上げてきました。

　もともとホールの予約をしていた定期演奏会まで、あと1か月半。私は我に返りました。「演奏会をしよう」……予約してあったホールでの演奏会を決心しました。しかし、そこから本番までの道のりも、どうやってそこまでたどりついたのか、記憶にないのです。毎年行なっている、定期演奏会のためのレパートリーも何ひとつ作っていません。とても演奏会のできる客観的状況はなかったのです。

　すると、この話を聞いた、プロの演奏家のみなさんが声をかけてくださいました。「コンチェルトなら、立派なレパートリーになる。そして今からでも間に合う。大丈夫だよ」……トランペット奏者、ユーフォニアム奏者、声楽家の知人、友人が、参加を決めてくださいました。

193

何をどうやって、練習したのかも、覚えていません。広報活動も、準備や手続きも、きっと卒業生たちや、保護者のみなさんが、全部引き受けてくださったのだと思います。
　そして本番……私は指揮者譜面台に、夫の写真を置きました。11年間の想いを込めて、最後の舞台に立たせていただくことができました。たくさんの善意に支えられて、満席のお客様の前で、子どもたちと「最後の定期演奏会」をさせていただくことができました。
　覚えているのは「涙」だけです。
　楽屋で、生徒のママたちと流した涙……。
　舞台で、ソリストと流した涙……。
　ロビーで、お客様と抱き合った涙……。
　そして何よりも、ゲネプロで、子どもたちと流した涙……。
　あとは……記憶がないのです。
　そこには、「感謝」しかありません。
　記憶がなくても、「想像」することはできます。おかげさまで、私にとっては、一生「忘れられない」定期演奏会なのです。善意と、思いやりによってのみ、実現できた、奇跡の演奏会だったのです。

第4章　コンサート

最後に……

「勝つための演奏」から「心を育てる演奏」へ

★できること、変えられることはきっとある
　この仕事に限らず、人には、それぞれ「役割」があるのだと思います。それは、年齢や、経験、立場によってさまざまだと思います。
●先輩として後輩の話を聞く
●後輩として先輩の話に耳を傾ける
●へこんでいる同僚に、ちょっと勇気を出して声をかける
●元気に走っている同僚を黙って応援する
●問題を持つ生徒を抱え込んでいる人に、少しおせっかいだけれど「一緒に指導しよう」と言ってみる
●悶々としている同僚の代わりに、管理職に掛け合ってあげる
●たまにはご飯でも一緒に食べて、栄養をつける
●内緒で有給を一緒にとって、平日に思い切ってリセットしてみる
●一緒に本気で怒ってあげる。一緒に本気で喜んであげる
●事務作業に埋もれている人に、自分も大変なのだけれど、「手伝おうか」と声をかける
●疲労困憊の同僚の机上に「大丈夫？」と、さりげなくメモを置く
●大きな行事が終わったあとは、担当者の机上に、「お疲れ様」と、甘いものでも置いてあげる
●愚痴は愚痴として、悪口は言わない。噂は本気にしない
……これ、みんな、私がしてもらったことです。……自分がしてもらって嬉しいことは、相手にしてあげましょう……私たちがいつも、子どもたちに言っていることです。まずは、「大人たち」が、できるところから変わってみませんか？
「学校は社会の縮図」とは、昔から言われていることです。学校の中の、大人たちにも、子どもたちにも、これは当てはまるものだと思います。いつの時代にも、どの世界にも「この人、人としてどうなのか？」と思う人はいるものです。せめて、自分が少しでも変わろうと努力することは、その人の人間的な成長に必ずつながるのだと思います。

★自分の立ち位置を確認しましょう
　良い吹奏楽指導者の条件＝①良き教師であること　②良きトレーナー（コーチ）であること　③良き指揮者であること。……私はこの言葉を信じ、長い間、現場で悪

戦苦闘してきました。未熟ながらも今あらためて、この「良き教師であること」の部分が、一番大切で、一番努力を必要とするものなのだと思っています。何度も何度も本書で述べさせていただきましたが、私たちは教職のプロであって、吹奏楽指導のプロではないということです。授業、校務分掌、学年・学級経営、進路指導、生活指導、行事など、教師としての仕事をきちんとしつつ、生徒たちの心の内面の理解に迫れる、本物の教師を理想として精進することで、吹奏楽指導者としても自立できるのだと思っています。何の教科であっても、授業がきちんと成立し、生徒の心を引きつけられる先生。生活指導がきちんとできて、学級経営に感動が生まれる先生。……こういう先生は、ほぼ確実に、部活動においても優秀な指導者です。

★共感できる力・想像力を自分につけましょう

　私たちは、吹奏楽を通じて音楽をしています。音楽するために必要な力の中には、共感力と想像力もあります。相手の立場で物事を考えたり、気配りができたり、人さまの痛みや悲しみに寄り添えたり、喜びや不安に共感できること……いわゆる「思いやり」とは、「想像力」の事だと思うのです。そしてそれは、誰にでも気持ちの持ち方ひとつで高めることができる力であり、ここに価値を見つけられる人が、豊かな音楽を創造できる人なのだと思います。指導テクニックを学ぶ場所やチャンスは、物理的にたくさんあります。しかし、これは「人としての生き方」の問題ですから、自分がそうありたいと本気で願わないかぎり、身につくことはありません。

★SOSを出す勇気と、仲間を作りましょう

　仲間と支えあうとか、悩みを抱え込まないでとか、私たちは生徒によく言います。大人だって、教師だって、辛い時は辛いんです。私は吹奏楽部顧問駆け出しの頃、職場の卓球部の顧問の先生を、師匠と仰いでいました。悩みを聞いていただくだけで、少し楽になったものです。演奏会にしても、講習会にしても、仲間と思える集団があればやる気も元気もわいてきます。なければ自分で作ってきました。子どもたちは敏感です。先生に元気がないとき、心が閉じているとき、迷いがあるとき、ぜーんぶ、感じています。チームのいざこざや、友達とのトラブルなど、そういうときに限って多発するものです。まずは誰かを信じ、辛い思いを抱え込まないで、先生の心が健康になることです。

★「できない理由」を探すのはやめましょう

　私もそうですが、何かの壁にぶち当たった時、そこから回避するための理由を探すことは、簡単なことなのです。「やり抜く理由」を自分に決心させる方が大変なことです。失敗はたくさんした方が経験値は上がります。子どもが好きで、音楽が好きで（吹奏楽が好きで顧問を引き受けたわけでなくても）教師という仕事に就いている私たちです。なるべくなら、前向きに歩んでゆきたいと思うのです。

第4章　コンサート

★「勝つための演奏」から「心を育てる演奏」へ

　音楽は「勝った・負けた」でも「強い・弱い」でもあってはいけないと思うのです。
　コンクールで何回金賞になっても、どれだけ賞状があっても、何千人の前で演奏をしても、年間何十回演奏活動しても……「心」が育たなければ意味のないことです。吹奏楽部で子どもたちの心を育てることとは、指導者自身の心を磨き育てることだと思います。スクールバンドでは、指導者以上に子どもが育つことは決してありません。このことは、私も一生、肝に銘じていることです。そうすれば、育てているはずの子どもたちに、考えてみたら自分の方が「育てられていた」ことにも、気づくはずです。

★大きくなっても、音楽が大好きな人であってほしい

　小学校、中学校、高校と、私たちはそれぞれの「現場」で、物事を完結させようとしてしまいがちです。熱心すぎて、「燃え尽き症候群」の子どもたちにしてしまってはいけないと思います。長くて大きな視点を持つことは、時には勇気が必要かも知れません。音楽は「音」が「楽しい」と書きます。子どもたちが成長し、たとえそれが吹奏楽でなくても、生涯教育の場で、音楽が大人になった彼らの傍にいられるように導くことも、私たちの大事な仕事なのだと思うのです。
　2012年現在、文部科学省の新学習指導要領には「生きる力」が第一に掲げられています。子どもたちの未来を見据えて、この「生きる力」とは何か……私たちはこのことを、みずからに問い直し、それぞれの領域、立場で、具現化してゆく必要があると思います。部活動の中にあっても、それはきっと、できることがあると信じています。
　「人は　いつからでも　どこからでも　変わることができる」私は自分でまだまだ変われると思って生きています。どうか先生方……ご一緒に歩んでまいりましょう。

あとがき

　私は若い頃には、「教師としての自覚を持ち、与えられた役割を果たしているか」というような自問自答はいっさいしませんでした。いえ、正確に言うと、自問自答していると「勘違い」していました。とにかく夢中で、前だけを向いて走っていたように思います。挫折し、失敗を繰り返し、「辞めてやる」と吠え、悔し涙もたくさん流しました。保護者と衝突したり、管理職に嚙みついたり、同僚から理不尽な扱いを受けたりしても、「私はこんなに一生懸命やっているのに、分かってもらえない」「私は私の役割を果たしているのに」と、結局は自分を正当化していました。心のどこかで、自分だけが、この学校を背負って立っているような傲慢な気持ちも持っていたように思います。本当に情けない、ダメ教師だと思います。

　私ごとですが、私は30代後半から40代前半にかけて、病気で家族を全員亡くしました。大切でかけがえのない命を、何度も失って……自分ひとりの力で成し遂げたものなど何もなかったのだと、心底理解しました。家族の愛に包まれていたこと。先輩、同僚教師に助けられていたこと。保護者に支えていただいていたこと。そして、子どもたちに教えられ、勇気づけられ、後押ししてもらっていたこと。……数えきれない「おかげさま」に、本気で気がつきました。同時に、たくさんの人たちを不用意な言動で傷つけ、恥ずかしい失敗を重ねてきたことも思い知りました。おかげさまで今は、本気で人様に頭が下げられるようになりました。

　教師には、「その人の生き様」が問われているように思います。様々な困難の中にあっても、私たちは人生の挫折や試練から「人としての生き方」を磨き、ひとりのきちんとした大人として、子どもたちに接してゆくことが、最良の教育なのだと思います。

　末筆ながら、「バンドの悩み相談」連載当時、多くの読者のみなさまにご支援をいただきました。そのご支援があったゆえの今回の単行本出版の運びとなりました。ここに深く感謝申し上げます。

　また、連載当時のバンドジャーナル編集部のみなさま、特に担当編集者の赤井淳氏には、長期にわたり、誠実で、親切なご支援をいただきました。

　出版にあたり、音楽之友社編集者である齋藤博済氏とデザイナーの杉井孝則氏、イラストレーターの藤田千春氏には、さまざまな視点から助言をいただき、支えていただきました。

　ここにあらためて、心より感謝申し上げます。

2012年1月
緒形まゆみ

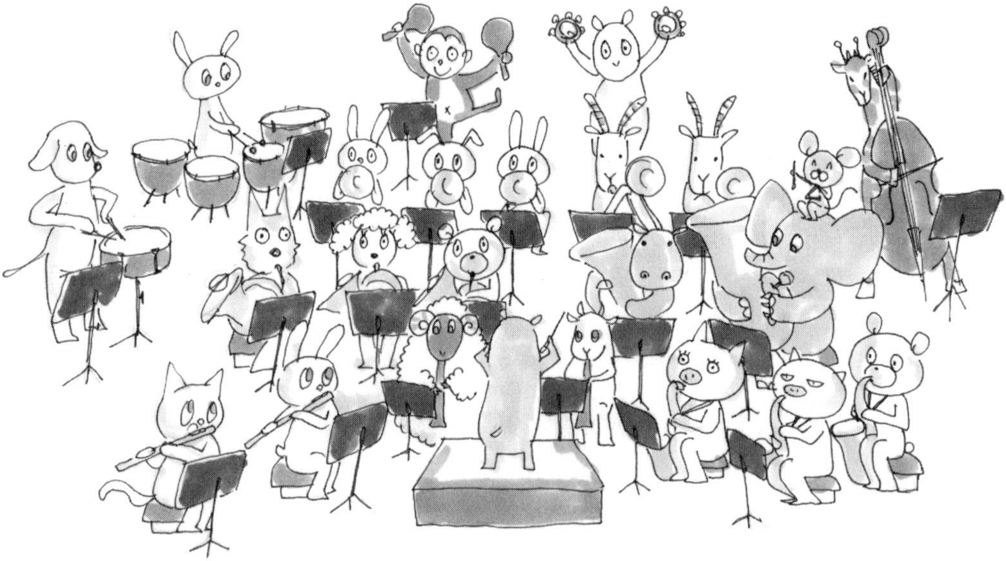

著者紹介

緒形まゆみ（元中学校教諭）

東京都出身、国立音楽大学卒。
27年間、東京都公立中学校音楽科教諭として勤務し、2007年からは福井県私立中高校教諭として勤務する。在職中、勤務した多くの学校で吹奏楽部をゼロから立ち上げ、全日本吹奏楽コンクール全国大会4度出場、その他、多くのコンクール、コンテストにおいて優秀な成績を残す。授業においても、多くの研究、プロジェクトに参加する。2006年、「東京都ふれあい感謝状21」受賞。2010年、ルーマニア「ブカレスト国際指揮マスターコース」においてディプロマ修得。「音は心」をモットーに、常に子どもたちの健全な心の成長を願い、生きる力、心の教育に力を注いでいる。2008年より、フリーとして音楽教育活動・吹奏楽指導に関わっている。公式ブログ「緒形まゆみブログ」も多くの読者の共感を呼び、日々更新中（2012年現在）。

まゆみ先生の 吹奏楽 お悩み相談室

2012年2月29日　第1刷発行	著　者　緒形まゆみ
2019年6月30日　第6刷発行	発行者　堀内久美雄
	発行所　株式会社　音楽之友社
	〒162-8716
	東京都新宿区神楽坂6-30
	電話　03-3235-2111(代)
	振替　00170-4-196250
	http://www.ongakunotomo.co.jp/

Printed in Japan
ISBN978-4-276-31602-7 C1073

ブック・デザイン　杉井デザイン事務所（杉井孝則）
イ ラ ス ト　藤田千春
本　文　印　刷　星野精版印刷
表紙・カバー印刷　太陽印刷工業
製　　　　　本　ブロケード

©2012 Mayumi OGATA
落丁本・乱丁本はお取替えいたします。

この著作物の全部または一部を権利者に無断で複製（コピー）することは著作権の侵害にあたり、著作権法により罰せられます。